Reino de Gaza

Programa de Pós-Graduação em História Social
Universidade de São Paulo
Faculdade de Filosofia, Letras e Ciências Humanas
Série Teses

Universidade de São Paulo
Reitor: Prof. Dr. João Grandino Rodas
Vice-Reitor: Prof. Dr. Franco Lajolo
Faculdade de Filosofia, Letras e Ciências Humanas
Diretora: Profa. Dra. Sandra Margarida Nitrini
Vice-Diretor: Prof. Dr. Modesto Florenzano
Departamento de História
Chefe: Profa. Dra. Marina de Mello e Souza
Vice-Chefe: Profa. Dra. Ana Paula Torres Megiani
Programa de pós-graduação em História Social
Coordenadora: Profa. Dra. Sara Albieri
Vice-Coordenador: Prof. Dr. Marcelo Cândido da Silva

Gabriela Aparecida dos Santos

Reino de Gaza

O desafio português na ocupação
do sul de Moçambique (1821-1897)

Copyright © 2010 Gabriela Aparecida dos Santos

Publishers: Joana Monteleone/ Haroldo Ceravolo Sereza/ Roberto Cosso
Edição: Joana Monteleone
Editor Assistente: Vitor Rodrigo Donofrio Arruda
Revisão: Marília Chaves
Projeto gráfico e diagramação: Marília Reis
Capa: Pedro Henrique de Oliveira

Imagem da capa: *Landis de Gugunhana*. Sousa Machado, phot. Arquivo Histórico Ultramarino, Instituto de Investigação Científica Tropical.

CIP-BRASIL. CATALOGAÇÃO-NA-FONTE
SINDICATO NACIONAL DOS EDITORES DE LIVROS, RJ

S233r

Santos, Gabriela Aparecida dos
REINO DE GAZA: O DESAFIO PORTUGUÊS NA OCUPAÇÃO
DO SUL DE MOÇAMBIQUE (1821-1897)
Gabriela Aparecida dos Santos
São Paulo: Alameda, 2010.
192p. (Teses)

Inclui bibliografia
ISBN 978-85-7939-039-5

1. Portuguesa - Moçambique - História. 2. Moçambique - Colonização.
3. Moçambique - História. I. Título. II. Série.

10-2255.   CDD: 967.9
                            CDU: 94(679)

019270

ALAMEDA CASA EDITORIAL
Rua Conselheiro Ramalho, 694, Bela Vista
CEP 01325-000 – São Paulo SP
Tel. (11) 3012-2400
www.alamedaeditorial.com.br

Índice

Prefácio 07

Introdução 13

1. No reino de Manicusse (1821-1858) 29

2. Nos reinos de Mawewe (1858-1861) e Muzila (1862-1884) 57

3. No reino de Gungunhana (1884-1897) 117

Considerações finais 169

Fontes 171

Bibliografia 177

Agradecimentos 189

A Série Teses pretende colocar à disposição do leitor os resultados de pesquisas desenvolvidas no âmbito do Programa de Pós-Graduação em História Social da Universidade de São Paulo. Anualmente, uma comissão julgadora seleciona para publicação alguns dentre os melhores trabalhos de Mestrado e de Doutorado defendidos naquele ano. Desde 1997, com o apoio da CAPES, vários textos já foram publicados.

Promover a divulgação de uma tese ou dissertação é uma iniciativa importante em vários sentidos. Trata-se de um registro da pluralidade de temas e enfoques que o Programa e seu corpo docente desenvolvem. É também uma amostra da maturidade analítica alcançada por seus alunos. Mas, principalmente, a publicação representa para seus autores o coroamento de um percurso de leituras, pesquisa e escrita, e a possibilidade de colocar, em alguns casos pela primeira vez, os resultados de seu trabalho à disposição de um público leitor mais amplo.

O livro ora apresentado permite que as reflexões produzidas pelo novo pesquisador sejam incorporadas aos debates em curso na comunidade acadêmica. Essa é também uma das funções da Série Teses, que tem como objetivo básico a difusão e o enriquecimento do conhecimento produzido na área da História.

Sara Albieri, Coordenadora
Marcelo Cândido da Silva, Vice-Coordenador

Prefácio

Ser pesquisador é enfrentar muitos e diferentes desafios. Mais ainda, quando tema e objeto de pesquisa pertencem à História da África, enquanto campo de conhecimento próprio, como tem sido construído no Brasil, desde os anos de 1990. Gabriela Aparecida dos Santos venceu um a um, a começar por uma definição do tema que envolve vários aspectos da formação do Reino de Gaza no século XIX, como parte dos processos de migrações regionais, das lutas dos ngunis e da interconexão com os interesses das autoridades portuguesas.

Em seu estudo, a autora formula problemas inéditos entre os pesquisadores brasileiros. Não por falta de fontes, antes, pela ideia de que são inexistentes em nosso país. Não fossem por outras inúmeras contribuições, esta, marca o perfil de uma historiadora atenta que duvida, questiona, compara. As consultas em arquivos de São Paulo, Rio de Janeiro e Brasília lhe facultaram o acesso aos registros feitos pela Sociedade de Geografia de Lisboa, permitindo reiterar a presença da África no Brasil, em particular, de homens feitos cativos em Moçambique e vendidos para o Brasil como mão-de-obra escrava.

Confronta-se com as dificuldades teóricas e metodológicas próprias de uma investigação de textos produzidos para construir o conhecimento de uma Nação, a portuguesa, que se ufanava tal como temia um Ultramar formado por mundos conquistados, mas ainda por desvendar, observar, descrever e compreender. Mundos não europeus, concebidos por saberes e práticas coloniais revestidos de cientificismo. Isto lhe permite fazer uma leitura do verso e do anverso de documentos sobre o reino de Gaza e o desafio português de ocupar o sul de Moçambique, no período de 1821 a 1897. Em um primeiro momento, se detém nos textos de expedições enviadas às terras governadas por Muzila, soberano dos ngunis de 1862 a 1884.

Ao seguir a abordagem teórica enunciada por Edward Said em *Orientalismo*, e estendida em *Cultura e Imperialismo*, Gabriela propõe uma análise de experiências histéricas entrelaçadas. Ao negar a ideia de uma história única, perscruta as vozes africanas nos desvãos da história de Portugal.

As proposições da autora levam-na à busca de aprofundamento e refinamento de sua pesquisa no Arquivo Histórico Ultramarino, em Lisboa. Frente à vasta documentação, se concentra na correspondência dos governadores, recolhida no acervo da Secretaria do Estado da Marinha e Ultramar. Atenta ao contexto histórico em que estes textos e a bibliografia específica foram escritos e publicados, faz uma criteriosa leitura analítica, o que lhe possibilita identificar os processos históricos e as dinâmicas culturais das migrações dos ngunis de Natal em direção à parte meridional de Moçambique, além de salientar aspectos pouco visíveis da natureza, do exercício do poder e do processo sucessório, emoldurados por lutas pela soberania desde a formação até o declínio do reino de Gaza.

Gabriela trilha caminhos inovadores, apontando diferenças, mas também semelhanças entre as ações dos ngunis na construção de uma geografia essencialmente africana e as dos portugueses em busca de uma continuidade da administração territorial em Gaza.

Foi longo e acidentado o rumo no qual os ngunis enfrentaram o corpo a corpo com os portugueses e desencadearam sucessivas ondas de saques. Sem alternativa, em 1821, os representantes da metrópole foram obrigados a firmar um acordo com Manicusse, soberano nguni, pelo qual se comprometiam a pagar um tributo em troca da garantia de que a vila não seria atacada.

A morte do soberano abriu um período de lutas pela sucessão do poder no Reino de Gaza. As disputas entre seus dois filhos caracterizaram uma conjuntura de coexistência conflituosa que se estendeu às suas estratégias politicas. Mawewe era claramente hostil a Portugal, o que incluía ondas de violência, saques e cobrança de tributos, enquanto Muzila fez alianças, obtendo armas e munições que alimentaram guerras sucessivas, por meio das quais conquistou o trono. Em troca, os portugueses, por vezes coadjuvados por bôeres de Natal e do Transvaal, deixariam de ter impedimentos para o comércio de marfim.

Estes e outros acertos foram selados, em 1862, por um Tratado de Vassalagem com diferentes significados para as partes envolvidas. Mais tarde, em 1885, Gungunhana também firmou um Tratado de Vassalagem. Como os acordos anteriores de "vassalagem, comércio, respeito e amizade", este foi considerado pelas autoridades portuguesas como ultrajado, servindo como forte e oportuna justificativa para a campanha de 1895, em seguida a prisão e a exposição de Gungunhana pelas ruas de Lisboa.

A forma de Portugal impingir uma derrota ao soberano de Gaza, apresentado como exemplo de "mau caráter" vinha a calhar. Dava reforço para um nacionalismo português fortemente abalado pela delimitação dos domínios de Moçambique na Conferência de Berlim e pelo *Ultimatum* da Inglaterra. Neste contexto, a violência das armas, própria do que chamavam "guerra de pacificação" se estendeu por mais dois anos, selando além da derrota dos ngunis, a de Maguiguana, tsonga que o sucedeu.

No conjunto, estes acontecimentos trabalhados com esmero e competência por Gabriela Aparecida dos Santos, lhe permitem analisar de forma instigante os fluxos e refluxos das formações políticas dos ngunis, os rituais e símbolos culturais específicos da sacralização do poder expressos, sobretudo, nas cerimonias de ascensão ao poder dos soberanos de Gaza. A pesquisadora deixa claro a sua posição contrária aos limites estreitos de leitura dos documentos, ao esmiuçar o ritual da consagração de Muzila enquanto parte de uma resposta complexa e ativa dos ngunis frente aos interesses portugueses, mas também de bôeres da República do Transvaal e de britânicos, particularmente da British South African Company, de Cecil Rhodes.

Sem dúvida, ao aliar seriedade do trabalho de crítica ao de interpretação das fontes, Gabriela pode dar voz ao que é silenciado. Esmiúça a construção do espaço histórico e sublinha o significado da ascendência materna dos herdeiros do trono, de acordo com seus poderes sagrados de apaziguar e garantir fartura a todos os súditos. Neste mesmo registro, faz uma reflexão sobre os rituais de casamento e de morte do soberano, além daqueles para transmissão do poder e sua importância para restabelecer e manter a ordem e a continuidade dos ngunis, conforme a tradição e o direito costumeiro.

Abordando a interconexão dos meandros do poder com a cultura, a historiadora abre espaços para novas possibilidades e formas de pensar a heterogeneidade e as formas de dominação. Sobre essas bases, explora os laços sociais e culturais expressos na entronização como parte de uma cerimonia de investidura sagrada. Nela, o soberano – no caso, Muzila - era purificado pelo sacerdote que lhe transferia poder espiritual, com o qual reabilitava a mão direita dos guerreiros que, em seguida, quebravam suas zagaias e depositavam-nas aos pés do soberano. Assim, expressavam sua obediência incondicional nas mais diversas circunstâncias, em tempos de paz ou de guerra, o que os tornava dignos de serem purificados pelo novo soberano de Gaza.

Ao honrar a sabedoria dos antepassados, os ngunis reafirmavam as prerrogativas do soberano na organização dos guerreiros, característica que os aproximava da sua filiação zulu. Sem dúvida, estes eram aspectos primordiais nos processos de construção social dos ngunis, entre os quais a legitimidade do soberano ganhava um lugar central. Reiterados, garantiam a coesão ameaçada pelas múltiplas dinâmicas sociais presentes em encontros assimétricos, com alguns acertos e muitos confrontos, próprios do expansionismo europeu que levou ao imperialismo colonial na África.

Atenta à complexidade dos arranjos, Gabriela amplia os limites das leituras dos documentos, analisando-os no âmbito de um o processo de reação ativa dos ngunis aos acontecimentos da história circundante, nos quais as experiências cruzadas promovem a reinvenção de culturas e identidades.

Neste registro, faz uma rica análise sobre a questão dos Tratados de Vassalagem como expressão de interesses antagônicos, selados por soberanos ngunis e governadores de Lourenço Marques, em conjunturas de permanentes desequilíbrios. Em outros termos, Gabriela mostra como, historicamente, os tratados foram instrumentos que tornaram pretensamente legítimos arranjos que levariam a um crescente grau de sujeição dos ngunis. Em particular o Tratado feito com Gungunhana, enfeixava uma série de obrigações que se traduziam numa submissão obediente. Minucioso, o Tratado retira dos ngunis os direitos de soberania das terras e das minas, regula a caça de elefantes, atribui ao soberano o dever de fixar os ngunis a terra por meio da agricultura. Da mesma forma, define que Gungunhana tinha a incumbência de vigiar e fazer cumprir os deveres assumidos Em síntese, o soberano reina, mas não governa. É um instrumento apresentado como legal, bem coerente com o jeito português de dominar.

Por sua vez, é sabido que historicamente a formalização de um "Tratado de vassalagem, respeito, amizade e comércio", não é garantia do seu cumprimento, em especial, quando faz um registro inequívoco de interesses antagônicos em que uma das partes impõe a submissão à outra.

É difícil aceitar que a resposta dos ngunis tenha sido imprevisível para as autoridades portuguesas. Também não há dúvida que foi muito oportuna, uma vez que tornou natural a guerra contra soberanos apresentados como prepotentes, pérfidos e extremamente gananciosos. Neste sentido, as indignadas reclamações dos representantes de Portugal em nome do não cumprimento de direitos acordados, fizeram dos Tratados de Vassalagem uma prefiguração da hegemonia obtida pela da força das armas.

Pela inquietação teórica, pela reflexão e pela riqueza dos documentos analisados, é inequívoca a importância deste trabalho para a historiografia sobre África, produzida no Brasil. Com prazer, convido o leitor para uma leitura atenta e afetuosa deste livro.

Leila Leite Hernandez
Primavera de 2010.

Introdução

A pesquisa sob o título *Reino de Gaza: o desafio português na ocupação do sul de Moçambique (1821-1897)* tem como proposta analisar o desenvolvimento do colonialismo português nesse período, com seus avanços e retrocessos, e entender como a formação de uma ordem política africana, centralizada e autônoma, se contrapôs às iniciativas efetivas de colonização portuguesa nessa região em 1895.[1]

Se, de acordo com Edward Said, a experiência colonialista dos séculos XIX e XX foi marcada por "territórios sobrepostos e histórias entrelaçadas" por conter, desde a origem, uma "experiência compartilhada" e historicamente constituída, é necessário que o estudo desse processo considere a realidade política, econômica e social de cada uma das partes envolvidas de maneira conjugada.[2] Isolar Portugal do Reino de Gaza ou o inverso e tomar qualquer uma dessas perspectivas em separado, como ângulo privilegiado de análise, conduz ao empobrecimento na compreensão de um processo que se caracterizou, sobretudo, por interferências e influências mútuas.

Assim, essa pesquisa procura se afastar de uma análise restrita ao desenvolvimento do colonialismo português na África Oriental no século XIX ou à formação do Reino de Gaza enquanto centro de irradiação de poder político no sul de Moçambique e de resistência às pretensões de Portugal na região. O objetivo é compreender como, em conjunto, esses processos desenvolveram-se, modificaram-se mutuamente e engendraram transformações profundas tanto para os projetos portugueses como para as populações africanas dessa área.

Para isso, é insuficiente considerar apenas 1895, quando se enfrentaram as tropas portuguesas e as frentes armadas de Gungunhana, último soberano nguni do Reino de Gaza, como base da pesquisa, ainda que lhe tenha servido como ponto de partida. É necessário esgarçar os motivos mais imediatos que levaram

---

1 Por sul de Moçambique entende-se a região ao sul do rio Save.

2 Edward Said, *Cultura e imperialismo*. São Paulo: Companhia das Letras, 1995, p. 33.

ao conflito e estender os limites cronológicos para que a relação Reino de Gaza-Portugal assuma sua historicidade e que o enfrentamento seja compreendido à luz desse desenvolvimento.

Assim, a pesquisa percorre os anos entre 1821 e 1897, que representam, no desenrolar do colonialismo português na região, dois contextos bem específicos.

Em 1821, quando os ngunis, em movimento migratório, ameaçavam o presídio de Lourenço Marques, o governador do distrito se viu acuado. Nessa época, a presença portuguesa era frágil, restrita aos poucos pontos do litoral da província de Moçambique e, por isso, uma reação armada a qualquer ataque nguni significava derrota e morte certa. Diante da impossibilidade de recorrer à ajuda vinda de Portugal, cujos interesses não estavam, nesse momento, voltados para as colônias africanas, a saída foi firmar um acordo com Manicusse, o primeiro *inkosi*[3] nguni, oferecendo-lhe gado em troca da garantia de que a vila não seria atacada. Por outro lado, em 1897 as tropas portuguesas, numa ofensiva iniciada dois anos antes, enfrentavam as forças de Maguiguana que, após a prisão de Gungunhana em 1895, assumiu o controle das frentes armadas do Reino de Gaza. O momento era outro e bem diverso de 1821.

Após a Conferência de Berlim (1884-1885), acirraram-se as disputas pelos territórios africanos e a posse da província de Moçambique viu-se seriamente ameaçada pelo interesse britânico e por seu projeto expansionista de ligar o Cairo ao Cabo. Nesse contexto, o sul de Moçambique era particularmente importante como escoadouro natural de toda a produção da África do Sul, nessa época uma colônia inglesa. O anseio britânico em anexar essa região resultou no envio de representantes ao poder que parecia desafiar e sobrepor-se ao de Portugal na região – o do Reino de Gaza. Diante da ameaça crescente à posse da província, o governo português reuniu esforços concentrados enviando as tropas encarregadas de subjugar o Reino de Gaza e garantir a ocupação efetiva desse território.

Dessa forma, entre 1821 e 1897 decorre o período que, submetido à análise, fornece as bases necessárias à compreensão de como a presença portuguesa passou de acuada a ofensiva, e de como o movimento migratório nguni no começo do século XIX gerou um Reino africano soberano capaz de ameaçar a posse de Moçambique por Portugal.

---

3 Por *inkosi* entende-se o mesmo que soberano nguni do Reino de Gaza.

Os registros desse período encontram-se reunidos no Arquivo Histórico Ultramarino (AHU), atualmente integrado ao Instituto de Investigação Científica Tropical (IICT) em Lisboa, e no Arquivo Histórico de Moçambique (AHM) em Maputo. Mas no Brasil, após uma consulta a arquivos e centros de memória que incluiu o Museu Paulista, a Casa de Portugal, o Real Gabinete Português de Leitura, a Biblioteca Nacional, o Instituto de Estudos Brasileiros e a Casa das Áfricas, assim como as bibliotecas das universidades de São Paulo (USP), de Campinas (UNICAMP), Federal e Estadual do Rio de Janeiro (UFRJ e UERJ) e de Brasília (UNB), parte da documentação necessária ao desenvolvimento da pesquisa foi encontrada.

Ainda que não esgotem por completo os questionamentos levantados pelo assunto, essa documentação encontrada no Brasil forneceu os primeiros indícios necessários à reflexão sobre o tema e à compreensão da dinâmica colonialista entre Portugal e o Reino de Gaza entre 1821 e 1897. Nesse conjunto, estão os *Boletins da Sociedade de Geografia de Lisboa* (BSGL) que, criada em 31 de dezembro de 1875, tinha por objetivo

> o estudo, a discussão, o ensino, as investigações e as explorações científicas de geografia nos seus diversos ramos, princípios, relações, descobertas, progressos e aplicações (...) consagrar-se-á [a sociedade] especialmente, na esfera da sua atividade científica, ao estudo e ao conhecimento dos fatos e documentos relativos à Nação portuguesa.[4]

Essa autodefinição, um tanto quanto elástica e flexível registrada nos estatutos da Sociedade, diz, no entanto, muito pouco sobre o contexto em que se formou e o papel que desempenhou na política colonialista portuguesa do século XIX.

Quando, em 1875, a Sociedade de Geografia de Lisboa foi criada, já existiam no mundo aproximadamente outras 40 sociedades semelhantes, como a de Paris (1821), a de Berlim (1828) e a de Londres (1830). A origem dessas associações estava, em maior ou menor grau, relacionada ao Iluminismo no século XVIII, quando as ciências físicas e naturais apresentaram um crescente desenvolvimento na Europa.

---

4 Ângela Guimarães, *Uma corrente do colonialismo português: a Sociedade de Geografia de Lisboa (1875-1895)*. Porto: Livros Horizonte, 1984, p. 11. Apesar de criada oficialmente em 1875 somente em 29 de janeiro de 1876 é que os estatutos da Sociedade de Geografia de Lisboa foram aprovados pelo Governador Civil de Lisboa.

O desejo de experimentação, apoiado em recentes descobertas, fomentou as viagens de exploração, cujos resultados deram lugar ao interesse econômico pelas terras percorridas, em especial a África. A possibilidade de alargar os mercados que então começavam a se revelar fez com que, desde o início do século XIX, muitos governos na Europa financiassem essas "viagens científicas". Nesse contexto, as Sociedades de Geografia tinham por fim apoiar e retirar dessas atividades todo o proveito científico, militar e econômico que se apresentasse.

Em Portugal, a origem da Sociedade de Geografia de Lisboa (SGL) esteve associada ao crescente interesse pelas colônias africanas, assim como à inflexão na política colonialista até então adotada. Embora os resultados escassos tivessem marcado as primeiras tentativas de ocupação, a década de 1870 apresentou um novo fôlego na política colonial portuguesa. Para isso, contribuíram o fim da Guerra do Paraguai (1864-1870), que propiciou o aumento das remessas de capitais por parte dos imigrantes portugueses no Brasil e facilitou a aplicação destes fundos, antes muito escassos, nas empresas coloniais, e o fechamento de Cuba às importações de escravos, que pôs fim ao comércio realizado a partir da costa ocidental da África. A liberação desses capitais gerou investimentos tanto em Angola como em Moçambique num contexto de afirmação exacerbada das posições e dos interesses imperiais de Portugal.[5]

Do ponto de vista institucional, a fundação da SGL em 1875 respondeu não apenas a essa atenção renovada pelas colônias na África como à pressão nascida do crescente interesse das potências europeias pelo continente africano. Sob a orientação da SGL foram organizadas viagens de exploração ao interior da África realizadas por Serpa Pinto (1846-1900), Hermenegildo Capelo (1841-1917) e Roberto Ivens (1850-98). De acordo com Oliveira Marques, "o motivo principal de quase todas as viagens foi a necessidade de afirmação da soberania ou suzerania portuguesas sobre territórios historicamente considerados sob bandeira das quinas".[6]

As atividades da SGL asseguravam-lhe a função de órgão consultivo que exercia junto ao governo, reforçada em 1880 quando o Visconde de São Januário, sócio-fundador e ex-presidente da Sociedade, assumiu o cargo de Ministro da Marinha e

---

5 Valentim Alexandre, *Velho Brasil, novas Áfricas: Portugal e o Império (1808-1975)*. Porto: Edições Afrontamento, 2000, p. 149.

6 António Henrique Marques, *História de Portugal*. Lisboa: Palas editores, vol. 3, 1986, p. 152.

Ultramar. A partir daí, a sgl passou a integrar a Comissão Central Permanente de Geografia (ccpg), criada também em 1876 com a função de propor

> ao governo todas as providências que favoreçam os progressos das ciências geográficas em Portugal, e que tendam a tornar melhor conhecida a parte com que a nação tem contribuído para a história geral da geografia e as vastas e importantes regiões ultramarinas que possui.[7]

Assim, os *Boletins* caracterizam-se como um periódico destinado à divulgação das atividades desempenhadas pela sgl e incluem uma grande diversidade de temas: desde a contribuição de sócios que escreviam sobre suas experiências na África até as correspondências trocadas com o governo ou com outras sociedades de geografia.

No caso específico da relação de Portugal com o Reino de Gaza, foram encontrados textos sobre as expedições enviadas às terras de Muzila (soberano nguni entre 1862 e 1884) com a tarefa de obter autorização para que postos militares fossem instalados nas proximidades, descrição da extensão dos territórios considerados como de Gungunhana e mesmo indicações de como as ações dos soberanos ngunis eram interpretadas na época.

Outro documento importante para a compreensão da relação Reino de Gaza-Portugal são as memórias de Diocleciano Fernandes das Neves, *Das terras do Império Vátua às praças da República Bôer*, publicadas originalmente em 1878 sob o título *Itinerário de uma viagem à caça dos elephantes*. A atual edição, de 1987, inclui, além do texto original, os estudos biográficos sobre o autor escritos por Ilídio Rocha.[8]

Diocleciano chegou em Lourenço Marques no final do ano de 1855 para trabalhar como diretor de Alfândega. Permaneceu pouco tempo no cargo, pois, quatro anos depois, passou a se dedicar ao comércio do marfim e, em função dessa nova atividade, partiu, em 1860, para Zoutpansberg, na República Bôer do Transvaal, onde alguns portugueses já haviam se instalado atraídos pelo lucrativo comércio.

---

7 Guimarâes, *op. cit.*, p. 12.

8 Diocleciano Fernandes das Neves e Ilídio Rocha, *Das terras do Império Vátua às praças da República Bôer*. Lisboa: D. Quixote, s/d.

Acompanhado por "120 carregadores com gêneros para os holandeses; 30 com fazendas para compra de mantimentos e outras despesas; 3 chefes dos carregadores; 17 caçadores; 68 carregadores dos materiais dos caçadores; 5 de bagagem própria; 4 criados", Diocleciano chegou em 1861 ao seu destino. Segundo ele, o principal motivo de sua viagem voltada à caça dos elefantes era

> o deplorável estado em que se encontrava o comércio do marfim em Lourenço Marques. Qualquer transação daquele trato tornava-se cada vez mais difícil e perigosa; por esse motivo resolvi ir primeiramente à República do Transvaal, onde se me oferecia segurança de efetuar a caçada, sem perigo de ser vexado pelos cafres do perverso Maueva, que dominava do interior, desde Lourenço Marques até a Zambézia. Ele, entretanto, respeitava muito os holandeses, que iam ou mandavam a todos os pontos do interior à caça dos elefantes, sem receio algum de serem incomodados pelos bandos daquele bárbaro.[9]

Nesse trecho, transparece a particularidade do documento. Além de tratar de um período na relação Reino de Gaza - Portugal sobre o qual há poucos registros no Brasil – os BSGL percorrem os anos de 1876 em diante –, as memórias de Diocleciano são importantes e esclarecedoras em relação à participação portuguesa em um conflito sucessório no Reino de Gaza. Com a morte de Manicusse, soberano nguni entre 1821 e 1858, abriu-se uma disputa pelo poder entre dois de seus filhos, Muzila e Mawewe. O esforço de Muzila em conquistar o apoio português e a sua vitória sobre o irmão ficaram registrados nos relatos de Diocleciano.

Diocleciano morou em Lourenço Marques entre 1855 e 1858 – os três últimos anos do Reino de Gaza sob Manicusse (1821-1858) – e teve contato direto com Mawewe (1858-1862) e Muzila (1862-1884). Nesse sentido, as memórias de Diocleciano são particularmente importantes para se perceber como, na condição de comerciante português de marfim que desenvolveu atividades no sul de Moçambique, ele se relacionou com cada um desses soberanos, interpretou e registrou a ação das autoridades portuguesas na região e as relações estabelecidas entre essas autoridades e o poder nguni de Gaza.

---

9 *Ibidem*, p. 26.

Reino de Gaza 19

A guerra d'África em 1895, de Antonio Ennes, é outra fonte importante que revela como as tensões e o conflito entre Portugal e o Reino de Gaza foram interpretados por aqueles que participaram ativamente do esforço militar português para garantir a posse efetiva do sul de Moçambique.

Nomeado Comissário Régio em 1894, com plenos poderes civis e militares, Ennes chegou à ilha de Moçambique no início de 1895 com o objetivo de

> assegurar o nosso domínio de tal arte que não mais fosse ameaçado ou discutido, e, para isso, livral-o das contingências a que o trazia exposto o poderio do regulo de Gaza, vassallo meramente nominal, ambicioso insaciável, intrigante matreiro, que não nos amava nem nos temia, e seria sempre um temeroso auxiliar offerecido a quem emprehendesse retalhar o patrimônio portuguez na África oriental.[10]

No trecho, subjaz a apreensão diante das sucessivas aproximações de Gungunhana, o "regulo de Gaza", e representantes ingleses que procuravam anexar o sul de Moçambique à República da África do Sul, então colônia britânica. Em função da ameaça envolvendo áreas que Portugal considerava formalmente como colônia (embora nelas não exercesse poder efetivo), a intervenção militar e o uso da violência assumiram ares de política oficial.

A ação de Ennes insere-se num contexto em que a ação militar foi interpretada como a única forma capaz de garantir o controle real sobre o sul de Moçambique, desmantelando o Reino de Gaza e restaurando, aos olhos das demais potências, o "patrimônio portuguez na África oriental". Assim, ao descrever os planos de ataque às povoações do Reino de Gaza e as estratégias de combate, o texto serve de referência à forma como Ennes interpretou, ou ao menos registrou, suas ações no contexto do colonialismo português na África, revelando ainda algumas das diretrizes que, com o Regulamento do Trabalho Indígena escrito por ele em 1899, serviram de base à relação colonialista portuguesa com os africanos.

Entre os documentos encontrados, *A derrocada do Império Vátua e Mousinho d'Albuquerque*, escrito por Francisco Toscano e Julião Quintinha e publicado em 1930, se destaca ao percorrer o Reino de Gaza desde a sua origem até o conflito em

---

10 Antonio Ennes, A *guerra d'África em 1895: memórias*. Lisboa: Typographia do "Dia", 1898, p. 6.

1895, passando pelo movimento migratório nguni no sul de Moçambique no início do século xix e pela disputa entre Mawewe e Muzila. Na descrição que fizeram de si mesmos, Quintinha era um "jornalista que vagabundeava numa arrastada reportagem através da selva africana, peregrinando nos lugares dessa Gaza famosa que a história e a lenda enchiam de curiosidade e mistério" enquanto Toscano, um

> antigo africanista, soldado que lidara na legião gloriosa de Mousinho e queimara a pele ao sol ardente da histórica planície de Macontene, no derradeiro combate em que tombara o domínio vátua, então prolongado pelo sonho e valentia desse terrível guerreiro negro chamado Maguiguana.[11]

Dessas autorreferências e das suas trajetórias no sul de Moçambique, em especial de Toscano, é possível resgatar parte da história do colonialismo português nessa região. No trecho, Toscano se define como um "africanista" que, para a época, remete à sua condição de explorador e conhecedor da África, em oposição àqueles que viviam em Portugal e de lá legislavam sobre as colônias, e como soldado que lutou na "legião gloriosa" contra o "terrível guerreiro negro chamado Maguiguana".

O "Mousinho" que aparece no texto se refere a Joaquim Mousinho de Albuquerque, um português capitão da cavalaria responsável pela prisão de Gungunhana em 1895 e pelo comando nos combates com os regimentos de Maguiguana, um tsonga que sucedeu nos campos de batalha o soberano nguni em Gaza nos dois anos seguintes. Mais do que Ennes, Mousinho foi reconhecido como herói da vitória sobre Gungunhana e como a personificação da coragem e valentia do povo português, recebendo, na sala "Portugal" da sgl em sessão solene de dezembro de 1897, as medalhas de ouro de valor militar e de serviços relevantes no Ultramar.

Nesse sentido, ao associar-se a Mousinho e ao "derradeiro combate em que tombara o domínio vátua", Toscano colocava-se no panteão dos que honravam o nome de Portugal e que lutavam com bravura contra aqueles que desafiavam o poder português. Da mesma forma, o emprego do termo "vátua" como sinônimo que era de africano selvagem atribui ainda ao trecho o sentido simbólico latente de que a campanha militar

---

11 Francisco Toscano, *A derrocada do Império Vátua e Mousinho d'Albuquerque*. Lisboa: Editora Portugal Ultramar, 1930, p. 11.

em 1895 se tratava da oposição entre civilização e selvageria, finalmente curvada com a prisão de Gungunhana e com a derrota de Maguiguana em 1897.[12]

Quando em 1926 se conheceram e decidiram escrever o texto em conjunto, Quintinha e Toscano viviam em Manjacaze, uma vila no sul de Moçambique e hoje um dos municípios do distrito de mesmo nome da província de Gaza. Em função do novo projeto, foram

> em romagem a todos esses lugares sagrados: escutaram informes de velhos landins de Gungunhana; recolheram preciosos apontamentos dispersos e, em 28 de dezembro, data do aprisionamento do régulo, no próprio local de Chaimite onde Mousinho o prendera, assistiram à festa anual que os brancos e pretos celebram comemorando o famoso feito.[13]

A escrita, nesse sentido, é particularmente marcada pela ênfase aos feitos portugueses, decorrente não apenas da participação de Toscano como soldado na campanha militar de 1895 e das referências que retiraram dos relatos de Antonio Ennes e Mousinho de Albuquerque, mas por terem permanecido no sul de Moçambique construindo e reelaborando cotidianamente a autoridade portuguesa na região. Após 1897, Toscano assumiu o cargo de administrador da circunscrição civil dos muchopes compondo parte de uma burocracia colonial instalada após a perda de soberania do Reino de Gaza que seguiu ao processo de ocupação efetiva.[14] Partilhar de tais comemorações era, assim, selar o poder colonialista dos portugueses e reafirmar sua continuidade a partir da celebração de um passado glorioso.

Tal perspectiva limita, de antemão, as possibilidades de resgatar o sentido das ações dos ngunis ou de seus soberanos mas, por outro lado, fornecem informações diversas sobre a origem do Reino de Gaza e a forma como se

---

12 De acordo com Antonio Ennes, "vátuas é corrupção de bathuas, nome ronga dos mangune ou ngoni." Ennes, *op. cit.*, p. 45.

13 Toscano, *loc. cit.* De acordo com Ilídio Rocha, landim era "o nome que os portugueses deram durante muito tempo ao ronga habitante da região de Lourenço Marques, hoje Maputo, e por extensão à sua língua." Neves e Rocha, *op. cit.*, p. 42.

14 Por "circunscrição civil dos muchopes" entende-se uma das divisões administrativas do distrito de Inhambane.

organizavam. Se essas referências podem e devem ser questionadas a partir de uma bibliografia específica sobre a época e a região, servem, ao menos, de base à reflexão de como a existência do Reino de Gaza no sul de Moçambique era interpretada pelos portugueses.

Do mesmo modo, tanto o texto de Diocleciano como o de Ennes e de Toscano e Quintinha apresentam-se sob a forma de memórias. Isso significa que, ainda que antigas anotações tenham sido incluídas – dos dias nos quais transcorriam as batalhas, no caso de *A guerra d'África em 1895*, de quando a viagem pelo sul de Moçambique mudava seu percurso diante das dificuldades, em *Das terras do Império Vátua às praças da República Bôer*, ou durante os combates com os regimentos de Maguiguana em *A derrocada do Império Vátua e Mousinho de Albuquerque* – o registro que fizeram ocorreu num momento posterior, ainda que subsequente ao que haviam visto e vivido.

Ter em mente este traço distintivo ajuda a compreender que as memórias, ao mesmo tempo em que retomavam suas próprias lembranças sobre a experiência na África, dialogavam com o tempo decorrido entre o que haviam vivenciado e aquele no qual escreviam. Isso tornou possível, por exemplo, que ao longo do texto rebatessem as críticas posteriores às decisões que haviam tomado ou dessem ênfase a determinadas ações. No caso de Ennes, muitas de suas decisões foram questionadas, assim como os gastos que empreendeu durante o conflito. O texto, nesse sentido, parece particularmente propenso a servir de autodefesa, destacando as dificuldades pelas quais passou e, nesse contexto, a eficiência de suas escolhas. Na página 61 é possível reconhecer essa preocupação do autor, que descreve a si mesmo como um personagem da própria narrativa:

> Todos os serviços do commissariado régio, e o próprio commissario, tiveram de accommodar-se ás durezas do tempo de guerra. O fallado rei de Moçambique nunca teve, para offerecer a quem o visitava no seu alcançar, senão um sophá cuja velha seda fora esfarrapada pelos sabres dos marinheiros, que haviam dormido em cima d'elle em noites de pavores, e, quando convidava algum official a mais para jantar, pedia copos e talheres emprestados ao governador do districto. A recordação d'esta miseria escholastica alegra-o ainda hoje, quando elle se lembra também da indignação

com que na Europa o figuravam vivendo principescamente e arruinando os cofres publicos com as orgulhosas pompas da sua realeza![15]

Já em Toscano e Quintinha, o período entre a campanha de 1895 e 1926, quando começaram a escrever *A derrota do Império Vátua e Mousinho de Albuquerque*, serviu para que a escrita incorporasse não apenas as referências sobre o conflito e o período que se seguiu ao processo de ocupação efetiva, mas a certeza na vitória sobre Maguiguana e no poder do colonialismo português reiterado pelas comemorações. Nesse sentido, o registro tende a interpretar os ngunis como invasores do território português, tal como era considerada a província de Moçambique na época, e o Reino de Gaza como fadado à subjugação.

Em um segundo momento, graças a uma bolsa oferecida pela Cátedra Jaime Cortesão, com o patrocínio do Instituto Camões, a pesquisa pode incluir, para além da documentação sobre o tema existente no Brasil, a consulta ao acervo do Arquivo Histórico Ultramarino em Lisboa, em especial a produzida pela Secretaria de Estado da Marinha e Ultramar (SEMU), criada em 1736 e responsável pela administração das "possessões ultramarinas". Face à multiplicidade de fontes disponíveis, apesar da primeira restrição, a escolha recaiu sobre a correspondência de governadores, manuscritos que permitiam identificar as preocupações que gerava a vida na província de Moçambique, assim como as aproximações e as tensões entre as autoridades portuguesas e o Reino de Gaza.

Definida em linhas gerais, é preciso ainda uma observação em relação a toda a documentação a que se recorreu ao longo da pesquisa: ela foi produzida pelos portugueses, dificultando, sobretudo, qualquer anseio de obter, na fonte, o testemunho dos ngunis anônimos ou dos soberanos do Reino de Gaza sobre a experiência que viveram. Nesses registros, sobressai a relação do português com o africano como o outro – ameaçador em sua diferença e alheio aos valores civilizatórios – num século marcado pelo conceito de raça e pela crença de que a humanidade encontrava-se dividida em estágios sucessivos de evolução. Caracterizações como "selvagens", "besta fera" e "negros vadios" embrutecem os africanos, repondo, no discurso, a hierarquia que lhes parecia natural e inerente aos homens.

---

15 Ennes, *op. cit.*, p. 61.

É nesse contexto que o Reino de Gaza surge como voz a ser silenciada por desafiar o poder hegemônico dos brancos europeus e resistir ao abandono da "barbárie". E, por isso, sua própria existência era interpretada como contingente, fadada a desaparecer diante de um esforço mais sistemático de controle e subjugação.

Por outro lado, seria ilusório imaginar que a cada questionamento feito à História correspondesse um tipo de documentação específica e ideal, pronta para responder às questões em aberto. Ainda que desejável, os ngunis do século XIX não deixaram registro escrito de suas ações, do seu dia-a-dia ou de sua visão sobre os portugueses que se aproximavam progressivamente.

Ciro Flamarion e Héctor Brignoli, em *Os métodos da História*, trataram do meticuloso garimpo que envolve esse trabalho:

> Se a falta de fontes torna, frequentemente, impossível a reconstituição de um movimento de massas dia-a-dia e se o caráter iletrado de seus membros nos condena a conhecê-los quase só por intermédio de terceiros, há um fato essencial de que dispomos: seus atos. E eles são, no curso da história, uma série de explosões de violência, expressão nevrálgica da luta cotidiana contra a opressão e o domínio social.[16]

Nesse sentido, a leitura da documentação é, sobretudo, um exercício constante de escutar o que os registros se esforçaram por calar. Recuperar os vestígios que permitam pôr em cena os africanos enquanto agentes de sua própria história e não vítimas de um processo conduzido por europeus. Isso significa entender que o conflito de 1895 não deve ser interpretado como o símbolo máximo da subjugação de um Reino, mas como um momento específico de uma relação que se desenvolveu desde o início do século XIX, quando os ngunis migravam pelo sul de Moçambique, passando pelo reconhecimento de sua soberania e do poder que exerceram nessa região.

A pesquisa envolveu, além dos manuscritos e da documentação impressa e publicada, a consulta a uma bibliografia específica que, assim como as fontes, foi acompanhada por uma leitura atenta ao contexto em que foram escritas e publicadas. A crítica a essas obras foi incorporada ao longo dos capítulos como ins-

---

16 Hector P. Brignoli e Ciro F. S. Cardoso, *Os métodos da História*. Rio de Janeiro: Edições Graal, 1979, p. 383.

trumento de análise necessário à compreensão de como determinados eventos e processos foram interpretados pelos autores em tempos e realidades diversas.

A partir da documentação e da bibliografia, foi possível identificar, entre 1821 e 1897, três momentos distintos na relação entre o Reino de Gaza e Portugal. O primeiro, de 1821 a 1858, é o da origem e formação do Reino de Gaza no sul da província de Moçambique, atrelada ao movimento migratório dos ngunis, saídos da região próxima à colônia inglesa de Natal em função das transformações que a haviam afetado nas últimas décadas do século XVIII.

Ao se expandir do sul em direção ao vale do rio Zambeze, os ngunis que, sob a iniciativa de Manicusse, dominaram progressivamente a população local, instituíram um sistema de controle e cobrança de tributos sobre os territórios. É esse o período da formação do Reino de Gaza enquanto centro de irradiação de poder político na região contraposto à presença portuguesa restrita ao litoral, escassa, frágil e cercada pela autoridade do soberano nguni. Os contatos eram esporádicos, muitas vezes marcados pela ameaça de saque — como em 1821, quando o governador do distrito de Lourenço Marques, Caetano da Costa Matozo, ofertou um tributo como garantia de paz, na impossibilidade de se defender do ataque de Manicusse.

A morte de Manicusse, em 1858, conduziu a um segundo momento na relação entre o Reino de Gaza e Portugal marcado pela disputa sucessória. Dois de seus filhos, Mawewe e Muzila, acreditavam-se igualmente herdeiros legítimos do poder, o que resultou num conflito que se estendeu entre os anos de 1858 e 1862. Após a morte de Manicusse, Mawewe assumiu o poder, mas Muzila, acreditando-se lesado pelo irmão, empreendeu esforços concentrados para depô-lo. Foi com esse objetivo que enviou representantes às autoridades portuguesas de Lourenço Marques com a missão de obter apoio na luta contra Mawewe pelo poder.

Diante das restrições que Mawewe impunha à presença portuguesa na região, como a cobrança de tributos daqueles que viajavam pelo interior e, muitas vezes, ataques às expedições, Muzila tornou-se uma opção interessante a Portugal, em especial pela possibilidade de que a ajuda enviada resultasse em acordos e tratados com o candidato a soberano. Dessa forma, Muzila recebeu armamento nas sucessivas guerras empreendidas contra Mawewe, obtendo a vitória e assumindo o poder em 1862.

A princípio, a ajuda resultou na assinatura de um Tratado de Vassalagem com o rei de Portugal em 1869. Pelo tratado, Muzila comprometia-se a assegurar o livre acesso dos portugueses às suas terras, instalação de postos militares, cobrança de impostos e mesmo pagamento de um tributo ao rei de Portugal. Os deveres, no entender português, no entanto, não foram cumpridos e Muzila passou a ser caracterizado como "traidor e ingrato". Assim, os registros desse período são marcados pelas constantes reclamações diante da desobediência e desmandos de Muzila, avesso à autoridade portuguesa.

Ao sucedê-lo em 1884, Gungunhana deu início a um terceiro momento na relação entre o Reino de Gaza e Portugal. Num contexto marcado pela Conferência de Berlim (1884-1885) e pelas crescentes disputas envolvendo os territórios africanos, a dificuldade em impor sua autoridade no sul de Moçambique em função do poder nguni tornou-se incômoda a Portugal, ameaçado pelo expansionismo britânico e por seu projeto de ligar o Cairo à colônia do Cabo.

Da mesma forma, a proximidade de Gungunhana junto aos representantes ingleses que, à revelia dos interesses portugueses, buscavam garantir o livre acesso ao porto de Lourenço Marques (principal saída marítima da região) significava para Portugal que a posse do sul de Moçambique estava seriamente ameaçada. Assim, a opção pela ação militar na região como forma de subjugar o poder nguni no Reino de Gaza, desmantelá-lo e assumir o controle efetivo sobre a região, ganhou espaço entre as autoridades portuguesas, resultando na campanha de 1895. Com a prisão de Gungunhana nesse mesmo ano e seu exílio, dois anos de combates ainda prosseguiram entre as tropas portuguesas e as forças do Reino de Gaza, agora sob o comando de Maguiguana, um tsonga.

As primeiras vitórias sobre o Reino de Gaza reafirmavam em Portugal a crença na ação militar como válida e necessária à ação colonial. Foi então que se elaboraram novas formas de controle sobre Moçambique, caracterizadas pela descentralização administrativa e por uma prática colonial racista, que se manteve ao menos até 1926, estabelecendo as estruturas administrativo-jurídicas da burocracia colonial.

Baseados nessa periodização, os três capítulos da pesquisa foram estruturados da seguinte forma: o primeiro concentra-se nos anos de 1821 a 1858 e busca as bases sobre as quais se estabeleceu a relação entre o Reino de Gaza e Portugal. Nesse sentido, analisa o movimento migratório dos ngunis nessa região, a formação do Reino de Gaza e o desenvolvimento do colonialismo português nesse período. O objetivo é entender como Manicusse tornou-se, progressivamente, o centro de irradiação de poder político na região ao lado de uma presença portuguesa circunscrita e frágil.

O segundo trata do período 1858-1884 no qual a aproximação inicial entre Muzila e as autoridades portuguesas em função da guerra contra Mawewe (1858-1862) transformou-se, posteriormente, em fonte de tensão e conflito. Para isso, é importante refletir sobre a origem da disputa entre Mawewe e Muzila, os interesses portugueses na contenda e o significado da assinatura do Tratado de Vassalagem em 1869 para Muzila e Portugal. A proposta é compreender como a soberania do Reino de Gaza, reafirmada na autoridade de Muzila, interpôs-se ao exercício da administração portuguesa e aos projetos nascidos do renovado interesse prtuguês pelas colônias na década de 1870.

O terceiro capítulo analisa os anos entre 1884 e 1897, marcados pela relação conflituosa entre o Reino de Gaza e Portugal que a campanha de 1895 representa. Nesse sentido, retoma o desenvolvimento do imperialismo europeu, o crescente interesse pelos territórios africanos e o desenvolvimento do sul de Moçambique que, atrelado às colônias britânicas, tornou-se uma região importante para a Inglaterra. A proposta é compreender como a soberania nguni transformou-se em algo particularmente ameaçador a Portugal e como, nesse contexto, a ação militar de 1895 ganhou força e forma.

Por fim, seguindo René Pélissier, valem alguns esclarecimentos sobre os termos empregados ao longo do texto. Um deles refere-se a "Moçambique", que pode ter interpretações diversas: 1) província ultramarina portuguesa, independente em 1975, e que engloba – depois da reabsorção dos territórios da Companhia do Niassa e da Companhia de Moçambique – a totalidade do território nacional da atual República Popular de Moçambique; 2) distrito que passou à província depois da independência, situado no norte do país; 3) ilha que, no distrito do mesmo nome, era a sede da primeira capital da colônia; 4) essa mesma capital (até 1898, quando passou para Lourenço Marques); e 5) companhia concessionária que administrou, de 1892 a 1942, os territórios de Manica e Sofala mais o seu prolongamento a sul do Save.[17]

Assim, diante de todos esses sentidos identificados a partir da leitura da documentação e da bibliografia, o termo será acompanhado de alguma especificação – se distrito, capital ou companhia concessionária – ainda que o mais comum para esse período seja o de Moçambique como província. Com relação às referências regionais da época, mantiveram os vocábulos tal como no original, sem atualiza-

---

17 René Pélissier, *História de Moçambique: formação e oposição (1854-1918)*. Lisboa: Estampa, 1994, vol. 1, p. 35.

ção, e por isso foram incluídos mapas com o objetivo de possibilitar a visualização das diversas regiões apontadas ao longo do texto.

O outro diz respeito à grafia dos nomes africanos para os quais são inúmeras as possibilidades. Muzila, por exemplo, é encontrado sob a forma de Muzira, Muzilla, Musila, Musilla e Umzila. Em função dessa variabilidade, fez-se a opção por recorrer à forma mais comum empregada na bibliografia mais recente. O mesmo se aplica a Manicusse, Gungunhana e Mawewe.

1. No reino de Manicusse (1821-1858)

A origem do Reino de Gaza no sul de Moçambique nas duas primeiras décadas do século XIX está associada à migração dos ngunis, um grupo etnocultural filiado, de acordo com Roland Oliver e J. D. Fage, às "línguas bantas".[1] De acordo com esses autores, a abrangência territorial desse grupo linguístico se devia à dispersão dos agricultores bantu no início da Era Cristã que, trabalhando constantemente em direção ao exterior a partir de uma área nuclear, localizada ao sul da floresta do Congo, chegaram à África do Sul entre os séculos I e IV. Essa expansão foi comprovada pelos relatos de náufragos portugueses que caminhavam pela região de Natal e sul de Moçambique na busca por ajuda e que fizeram menção à presença de "bantos" nessa região:

> Muito antes de aí haver quaisquer sul-africanos brancos, os bantos tinham na realidade ocupado as únicas partes do subcontinente com um clima e pluviosidade adequados à agricultura intensiva. Haviam deixado o alto e seco Karoo do planalto central.[2]

A filiação entre os ngunis e os bantu aparece ainda em *Southern Africa since 1800*, no qual o autor Donald Denoon refere-se ao deslocamento dos bantu em direção ao sudeste da África do Sul, que se tornaram conhecidos como "nguni".[3] Assim, o nguni

---

1 J. D. Fage e Roland Oliver, *Breve História de África*. Lisboa: Livraria Sá da Costa, 1980, p. 27.

2 *Ibidem*, p. 145.

3 "The Bantu-speakers who moved furthest to the south-east have become known as 'Nguni'. By the sixteenth century they had established themselves so securely the well-watered coastal belt that shipwrecked white sailors sometimes chose to settle amongst them, in their peaceful and well-organised communities." Donald Denoon, *Southern Africa since 1800*. London: Longman, 1972, p. 3.

representava um dos grupos que compunham a família linguística bantu e que incluía isiZulu, também conhecido como Ngoni, Kingoni, Zulu e Zunda – Oliver e Fage referiram-se a essa associação através da expressão "o clã zulu de Nguni".[4]

Os mapas a seguir indicam a configuração linguística africana resultante, em parte, desse processo:

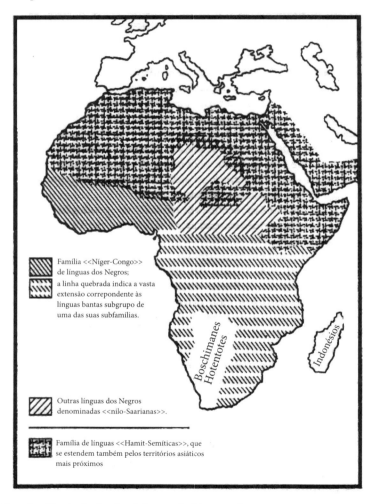

"Mapa simplificado das famílias de línguas da África atual". In: J. D. Fage e Roland Oliver, *Breve História de África*. Lisboa: Livraria Sá da Costa, 1980, p. 23.

---

4 Fage e Oliver, *op. cit.*, p. 186.

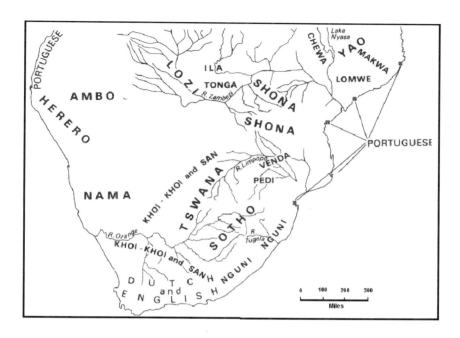

"Southern Africa c. 1800: linguistic". In: Donald Denoon, *Southern Africa since 1800*. London: Longman, p. 5

A base fundamental da economia dos ngunis, que até a segunda metade do século XVIII se concentravam na região próxima à colônia inglesa de Natal, era a agricultura de cereais, principalmente mapira (grão de sorgo ou milho fino ou miúdo), acompanhada pela criação de gado e pela troca dos excedentes agrícolas, do artesanato, dos minérios e do marfim entre as diferentes unidades de produção ou com os comerciantes que aportavam no litoral.[5] Organizavam-se de acordo com as linhagens, em pequenos grupos de parentes consanguíneos, definidos por via paterna e que descendiam de um antepassado comum – à frente de cada uma dessas linhagens estava uma autoridade que concentrava os poderes religioso, jurídico e político.[6]

---

5 Malyn Newitt, *História de Moçambique*. Lisboa: Europa-América, 1997, p. 238.

6 Carlos Serra (org.), *História de Moçambique*. Maputo: Universidade Eduardo Mondlane, Departamento de História e Tempo Editorial, 1982, vol.1: Primeiras sociedades sedentárias e impacto dos mercadores

Na segunda metade do século XVIII, o modo de vida dos ngunis passou, no entanto, por uma profunda transformação associada às mudanças que afetaram a região da colônia inglesa do Natal, onde até então se concentravam.[7]

Para o historiador inglês Malyn Newitt, as várias secas que se sucederam ao longo da década de 1790 conduziram a esforços econômicos concentrados no sentido de garantir o sustento da população: "o movimento tradicional das manadas, entre os pastos doces e secos tornou-se algo de completamente impossível, ao mesmo tempo em que se intensificava a competição no que às terras melhor irrigadas se referia".[8]

As disputas provocadas por essas sucessivas secas que desestruturaram a economia local se agravaram com o crescimento da atividade comercial na baía de Lourenço Marques (onde os ngunis trocavam com os europeus o gado e marfim por miçangas, lingotes de latão, braceletes e têxteis), gerando conflitos entre linhagens pelo controle das rotas ao longo do litoral e para o interior. Da mesma forma, os europeus que chegavam na baía exigiam gado e marfim em troca dos produtos que traziam – o que, em épocas de seca e de alterações ecológicas, tornava-se particularmente difícil de se obter.[9]

Durante essas lutas pelo controle dos recursos naturais, o número de unidades políticas diminuiu e entre 1810 e 1815 formaram-se dois reinos principais: o de Nduandue, chefiado por Zuíde; e o de Mtetua, dirigido por Dingisuaio. Os outros se desintegraram pela fuga de seus habitantes, pela incorporação ou pela submissão aos reinos recém-formados.[10]

(200/300-1886), p. 54. Por linhagem entende-se "um grupo sangüíneo de parentesco que inclui somente os indivíduos que descendem de um ancestral comum conhecido – o fundador – que tenha vivido pelo menos há cinco ou seis gerações." Irene Dias de Oliveira, *Identidade negada e o rosto desfigurado do povo africano: os tsongas*. São Paulo: Annablume: Universidade Católica de Goiás, 2002, p. 26.

7 A antiga colônia inglesa de Natal corresponde hoje, aproximadamente, a uma das províncias da África do Sul chamada KwaZulu-Natal, da qual Pietermaritzburg é capital e Durban, um dos centros principais. A província localiza-se na costa oriental e tem como fronteiras: a norte, Moçambique, Suazilândia e a província de Mpumalanga; a oeste, Lesoto e a província de Free State; e, a sul, a província do Cabo Oriental.

8 Newitt, *op. cit.*, p. 238.

9 Newitt, *loc. cit.*

10 Toscano, *op. cit.*, p. 39-40; Serra, *op. cit.*, p. 108;

Oliver e Fage, no entanto, consideraram esse processo como decorrência de um outro desenvolvimento – o da expansão dos bôeres.[11] Segundo os autores, fugindo das restrições impostas pela Companhia Holandesa das Índias Orientais, sediada no Cabo desde 1652, os bôeres se deslocaram em direção ao leste, aproximando-se da região do Natal até encontrarem os bantu em 1779. O resultado mais importante dessa "colisão" entre o avanço dos bôeres e os bantu foi o aparecimento de consideráveis tensões entre "as tribos bantas":

> A grande maioria dos bantos tinha-se instalado durante muitos séculos nas planícies costeiras entre o Drakensberg e o mar. Esta região recebia as chuvas das monções do Oceano Índico e era, por conseguinte, muito mais fértil do que a savana seca do planalto interior, onde o povoamento banto, como mais tarde o dos bôeres, tinha necessariamente de ser muito menos denso. À medida que sua população e as manadas cresciam, os bantos puderam até então ocupar mais terra. (...) A chegada dos bôeres, porém, bloqueou esse caminho para o futuro. O resultado foi que as tribos com necessidade de alargar o seu território só o poderiam fazer à custa dos seus vizinhos.[12]

As referências bibliográficas permitem, assim, identificar um processo de centralização política na região próxima à colônia inglesa de Natal nas duas últimas décadas do século XVIII do qual surgiram os reinos de Nduandue e Mtetua. O caráter militarista que esteve na origem dessas formações influenciou uma organização social fortemente marcada por uma divisão em regimentos segundo a idade daqueles que os integravam. De acordo com Carlos Serra, essa era uma reapropriação de uma antiga forma de organizar os exércitos – o *Butho* ou "regimento por idade" –, fundamentais na incorporação e submissão das linhagens.[13]

---

11 "Os bôeres descendem de colonos holandeses que, em meados do século XVII, habitavam um posto marítimo no Cabo, destinado a fornecer carne e legumes aos navios que demandavam a Índia. Um pequeno grupo de huguenotes franceses os seguiu no decorrer do século XVIII." Hannah Arendt, *Origens do totalitarismo*. São Paulo: Companhia das Letras, 1989, p. 221.

12 Fage e Oliver, *op. cit.*, p. 186.

13 Serra, *op. cit.*, p. 108.

36   Gabriela Aparecida dos Santos

A existência dessa feição militarista nos reinos gerou disputas sucessivas entre Nduandue e Mtetua. Numa das primeiras guerras, Dingisuaio chefe de Mtetua foi capturado e morto, mas um de seus chefes militares zulus, Chaka, sucedeu-o, assumindo o poder no reino. Após um novo confronto militar, o reino Mtetua, agora chefiado por Chaka, obteve vitória submetendo parte da população do reino de Nduandue, enquanto outros refugiavam-se, entre 1820 e 1821, nas terras fora do seu alcance imediato. Entre os emigrantes encontrava-se Manicusse, o futuro soberano nguni do Reino de Gaza, que caminhou em direção ao norte, acompanhado por parentes e por pessoas que lhe eram fiéis e se aproximou da província de Moçambique.[14]

No início da década de 1820, os emigrantes de Nduandue liderados por Manicusse chegaram ao rio Maputo, instalando-se, entre 1825 e 1827, perto da região de Moamba.[15] Nos anos seguintes, foram se deslocando cada vez mais para o norte, não apenas para evitar os ataques dos regimentos do reino Mtetua enviados por Chaka em sua perseguição, mas à procura por regiões mais favoráveis onde pudessem se estabelecer.

Assim, alcançaram as margens do rio Limpopo onde se fixaram durante alguns anos e enfrentaram, em 1828, a campanha que Chaka moveu antes de ser assassinado por dois de seus irmãos, por volta de 1830, numa disputa pelo poder. Desse ano em diante, Dingane, o sucessor de Chaka no poder de Nduandue, procurou aumentar sua influência na área entre os rios Maputo e Incomati, o que fez com que Manicusse e seu grupo partissem novamente e se aproximassem da vila portuguesa de Inhambane em 1834 e atingissem o vale do rio Zambeze em 1836.[16]

Manicusse, no entanto, após alcançar o vale do rio Zambeze deixou a região sob a responsabilidade de um dos seus filhos, Muzila, e voltou para as nascentes do rio Búzi, onde permaneceu por dois ou três anos e fundou o que depois veio

---

14 Ennes, *op. cit.*, p. 45. Zuangendaba, Nqaba Msane e Nguana Maseko, assim como Manicusse, partiram da região próxima à colônia de Natal, fugindo de Chaka. Como a pesquisa, no entanto, propõe-se a analisar a origem do Reino de Gaza, o estudo atém-se, nesse momento, a Manicusse.

15 Moamba é hoje um dos distritos da província de Maputo, no sul de Moçambique. É também o nome de um dos rios que compõem o estuário do rio Espírito Santo.

16 Newitt, *op. cit.*, p. 242.

Reino de Gaza   37

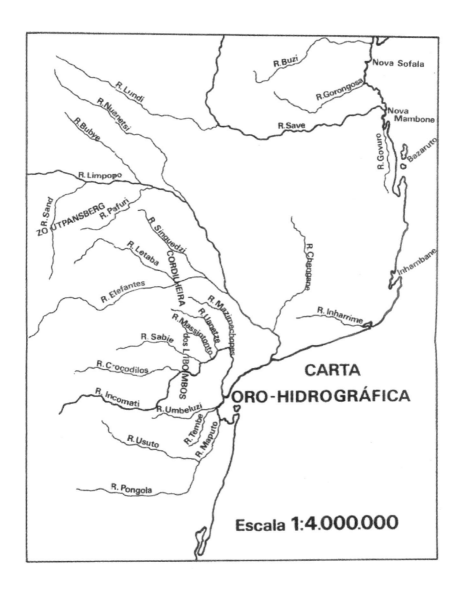

"Carta 1". In: Antonio Rita-Ferreira, *Presença luso-asiática e mutações culturais no sul de Moçambique até 1900*. Lisboa: Instituto de Investigação Científico-Tropical, 1982.

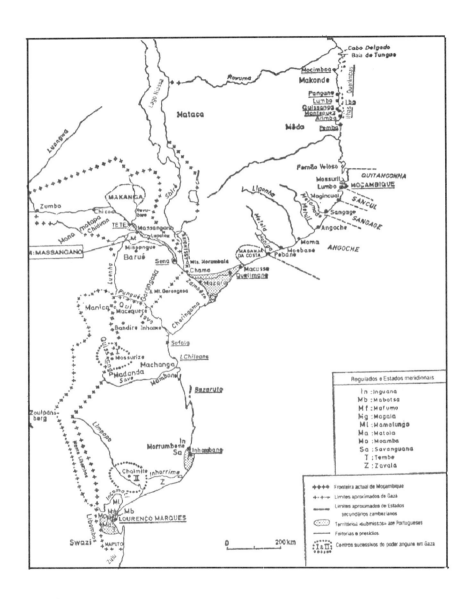

"Mapa III. O Moçambique português (1854-1857)". In: René Pélissier, *História de Moçambique: formação e oposição (1854-1918)*. Lisboa: Estampa, 1994, vol.2, p. 42.

a ser o centro do Reino de Gaza, Mossurize.[17] Entre 1838 e 1840, instalou-se na margem esquerda do rio Limpopo, aí estabelecendo a segunda capital, Chaimite, onde morreu em 1858.

Ao percorrer a extensão entre os rios Incomati e Zambeze na primeira metade do século XIX, Manicusse estendeu a sua autoridade sobre os distintos grupos etnoculturais que povoavam essa área. Um dos estudos mais pormenorizados sobre o sul de Moçambique e sua composição etnocultural nesse período é o do antropólogo português Antonio Rita-Ferreira que elaborou um mapa etnográfico no qual identificou nessa região uma ocupação predominantemente de *tsongas*, *chopes* e *bitongas*.

De acordo com o autor, ainda que pudessem ser incluídos numa caracterização mais ampla de "banto sul-oriental", as diferenças entre esses grupos eram pronunciadas, em especial por abrangerem diversos subgrupos etnoculturais e linguísticos.[18] Essa distinção teria ocorrido durante os séculos XVI e XVIII, "período em que julgamos terem sido robustecidos os factores que provocaram a diferenciação cultural e linguística entre tsongas, chopes e bitongas".[19] No século XIX, em linhas gerais e considerando os sucessivos deslocamentos dessas populações, os tsongas tenderam a se concentrar ao sul do rio Save, os bitongas no entorno da vila portuguesa de Inhambane e os chopes mais ao sul dessa mesma área.

A migração nguni, atrelada à progressiva expansão da autoridade de Manicusse, gerou uma série de conflitos com as populações dessas regiões em particular porque a passagem dos ngunis pelas povoações era acompanhada muitas vezes pelo confisco do gado que criavam e dos cereais que cultivavam. A resistência que esses grupos etnoculturais interpuseram às ações que visavam ao domínio gerou uma presença constante e significativa de cativos de guerra no Reino de Gaza.

---

17 Mossurize aparece no mapa III, destacado por Pélissier como um dos centros do poder nguni em Gaza. Com relação ao termo "Gaza", de acordo com Antonio Rita-Ferreira, remete a um dos antepassados de Manicusse: "Da sua genealogia conhecem-se quatro antepassados: Mucachua, Mungua Gaza (origem do nome dado ao seu império), Ugagua Macuè e Segone." Antonio Rita-Ferreira, *Fixação portuguesa e história pré-colonial de Moçambique*. Lisboa: Instituto de Investigação Científico-Tropical, 1982, p. 19.

18 *Idem, Presença luso-asiática e mutações culturais no sul de Moçambique até 1900*. Lisboa: Instituto de Investigação Científico-Tropical, 1982, p. 45.

19 *Ibidem*, p. 185.

A condição de cativo não era hereditária e alguns, gradualmente emancipados, eram integrados nos regimentos e nos serviços de administração territorial dos ngunis. A princípio, esse processo parece ter envolvido principalmente os tsongas, que, segundo Rita-Ferreira, possuíam, tal como os ngunis, uma organização social de caráter patrilinear, orientada por um ideário que exaltava o valor do homem como guerreiro, caçador e criador de bovinos.[20] Outros, no entanto, eram vendidos como escravos aos europeus na Baía de Lourenço Marques, ainda que essa fosse uma região secundária no comércio de mão-de-obra escrava, particularmente desenvolvido no vale do Zambeze.[21]

Em geral, esses cativos eram distribuídos entre Manicusse e os chefes de linhagens ou mesmo entre os guerreiros. Sobre eles recaíam atividades como o cultivo dos campos ngunis, a pastagem do gado ou o corte e o transporte de lenha. Muitas mulheres, por exemplo, eram entregues como esposas aos ngunis que se viam sem a obrigação de pagar o *lobolo* e com a possibilidade de fundarem suas próprias povoações.[22] Com o passar dos anos, idêntico direito se estendeu aos jovens provenientes das unidades políticas derrotadas, ocupadas ou submetidas que, após leais serviços prestados às famílias e aos regimentos ngunis, dessem provas de valor em combate e de identificação com seus ideais.

O controle sobre regiões e grupos etnoculturais distintos e dispersos ao sul do rio Zambeze exigiu uma administração capaz de garantir o poder soberano de Manicusse e sustentar mecanismos de dominação nguni. Assim, parentes mais próximos como tios, filhos e irmãos eram designados para governar, em seu nome e com relativa autonomia, determinadas áreas do Reino, tal como os chefes das linhagens mais importantes. Da mesma forma, as cerimônias religiosas ligadas aos ciclos da agricultura e anualmente celebradas coroavam o *inkosi* como vértice da sociedade ao mesmo tempo em que reforçavam a lealdade e os vínculos entre Manicusse e os representantes mais distantes do Reino de Gaza.

---

20 *Ibidem*, p. 250.

21 Serra, *op. cit.*, 103.

22 Por "lobolo" entende-se "a compensação matrimonial destinada a contrabalançar, na família da noiva, a perda de um dos seus membros produtores e reprodutores. Os bens que compõem a compensação, bem como o montante, podem variar." Serra, Carlos. *op. cit.*, p. 15. É, da mesma forma, um ato simbólico que formaliza o casamento.

Antonio Ennes, Comissário Régio entre 1894 e 1895 com a função de desmantelar o Reino de Gaza e garantir a ocupação efetiva do sul de Moçambique, se referiu a uma dessas cerimônias, que chamou de *nq'waya*, como "uma festa nacional dos vátuas"

> celebrada em fevereiro, com a assistência de todos os guerreiros, aos quaes o Gungunhana passava revista em trage paradisiaco. Faziam parte da festa ritos mysteriosos, a que, na opinião do Dr. Liengme, não eram alheios os sacrificios humanos.[23]

No trecho, Ennes construiu para o *nq'waya* uma representação a partir de referências familiares de modo que lembrasse uma espécie de desfile militar, tal como as que ocorriam na Europa. Antes mesmo que essa comparação ganhasse formas no imaginário, no entanto, Ennes distinguiu o "trage paradisiaco" de Gungunhana (soberano nguni entre 1884 e 1895), deixando não apenas transparecer seu escárnio, mas restituindo a diferença a esse "outro", não-civilizado, submerso na selvageria dos "ritos misteriosos" e dos "sacrifícios humanos".

De toda forma, embora Ennes associe o *nq'waya* à figura de Gungunhana, e apesar dos juízos pessoais associados à crença na hierarquia entre os homens hegemônica nas últimas décadas do século XIX, o seu relato permite identificar um processo de reiteração do poder e autoridade ngunis. Para além de termos como "paradisiaco", "ritos mysteriosos" e "sacrificios humanos", subsiste a ideia da reafirmação anual do poder nguni, como se os laços entre o Reino e o soberano fossem constantemente renovados e restabelecidos. E, se passava em revista os guerreiros, é possível reconhecer que sobre eles exercesse autoridade, fundamentada na força ou no reconhecimento de uma certa legitimidade e celebrada em comunhão, como sugere o termo "festa".

De acordo com Carlos Serra, o *nq'waya*, uma das mais importantes cerimônias realizada em fevereiro, quando apareciam os primeiros frutos, se desenvolvia em dois momentos distintos. No primeiro,

---

23 Ennes, *op. cit.*, p. 141. Liengme foi um médico e missionário suíço que conviveu com Gungunhana entre 1892 e 1895.

42 Gabriela Aparecida dos Santos

> a capital era simbolicamente saqueada e o soberano sujeitava-se aos "rancores do povo". Os cantos que, na altura, eram entoados diziam que o povo, seu "inimigo", o rejeitava, mas o "poder" saía reforçado da prova e o rei passava a ser o Touro, o Leão, etc. O segundo momento, conduzido pelo soberano, principiava pelo consumo das primícias e a assistência presente estava hierarquizada consoante os graus de distinção que cada um detinha no aparelho de Estado. Aqui, demonstrava-se ao rei quer amor quer ódio e ele simulava hesitar em assumir o governo da nação, acabando finalmente por "ceder" aos pedidos do clã real e às solicitações dos seus guerreiros. O poder era então restaurado e restabelecida a identidade do rei com o povo.[24]

Nesse sentido, o *nq'waya* consistia num ritual no qual as tensões sociais eram, simbolicamente, encenadas e liberadas de forma que se transformassem em representações de unidade e prosperidade e restabelecessem os laços entre o soberano nguni e o reino.

A constante reafirmação de lealdade ao inkosi era particularmente importante ao exercício do poder sobre domínios tão vastos. Desde cedo, definiu-se um núcleo fortemente centralizado, controlado por Manicusse, no qual sua autoridade era sentida de forma mais imediata e os regimentos recrutados, e um território de dimensões muito superiores onde eram coletados os tributos. Uma vez por ano o soberano nguni enviava representantes para que os recolhessem em toda a extensão do Reino.[25]

Os tributos, em geral, eram cobrados em espécie, sob a forma de parte do gado e da produção agrícola ou mesmo de dias de trabalho nos campos de Manicusse. A cobrança de tributos incidia ainda sobre uma atividade em que o Reino de Gaza esteve particularmente envolvido – o comércio de marfim que, nas décadas de 1830 e 1840, quando a procura pelos comerciantes tendeu a crescer, tornou-se uma importante fonte de rendimento para o soberano.

As autoridades africanas locais que se submetiam, pagando os tributos, obedecendo às ordens e prestando os serviços exigidos, se mantinham no exercício das suas funções, ainda que se vissem obrigadas a aceitar a presença dos representantes

---

24 Serra, *op. cit.*, p. 117.

25 Newitt, *op. cit.*, p. 252.

de Gaza nas suas povoações.[26] Por outro lado, aquelas que se mostravam reticentes em reconhecer a autoridade de Manicusse conviviam com a constante ameaça de ataques, quantas vezes se mostrasse necessário à completa submissão.

Uma ata de reunião do Conselho do Governo em 20 de junho de 1842, convocada pelo comandante militar da vila de Sofala, Manoel Tibério de Oliveira, sugere, no entanto, que o soberano nguni buscava incluir na sua esfera de poder não apenas as autoridades africanas locais, mas também os próprios portugueses. O objetivo do encontro era ouvir "o rellatorio q fez o cidadão Joze Gonçalves" que, em 11 desse mesmo mês, havia sido enviado às terras do "regulo Amparo" que, com mais dois "dos seus grandes (...) tinhão vindo no supradito dia com Masnacantambo (hum dos cafres grandes das nossas terras desta vila) mandados por hum dos chefes dos vatuas do potentado Manicussi" para dizer ao governo o seguinte:

> que tendo desde o anno próximo passado o referido potentado seu amo conquistado todas as terras q estão ao sul desta dita villa inclusyve a do Amparo onde elle chefe ao prezente se acha com muita gente para conquistar o restante destes certões ao norte e ao oeste, mandava por isso intimar aos muzungos (brancos) lhe mandasse quatro pessas de fazendas para declarar quaes são as suas tenções para com esta fortaleza; e como o dito regulo Amparo decifrasse esta proposta, q era o render-mos obediência, ser-mos tributários: esta he a razão por que foi mandado o dito Gonsalves...[27]

Em Amparo, José Gonçalves se encontrou com um grupo de ngunis, identificando aquele "q dyzião ser o chefe (Maxacate)" e perguntando se era verdadeira a intimação. Maxacate respondeu afirmativamente, acrescentando que "as suas tenções erão para q lhe obedecessem e pagassem tributos ao Manicussi". De acordo com o documento, o emissário de Sofala retorquiu, "com resolução", que não aceitava "aquella projeção, suceda o que sucedesse", mas que se dispunha à "amizade" e à "boa correspondência de parte a parte". A proposta foi aceita e José Gonçalves encarregado de "dizer a este governo q mandasse dois negociantes com fazendas

---

26 *Ibidem*, p. 263-264.

27 Arquivo Histórico Ultramarino/Sala de Leitura Geral/Caixa SEMU/Direção Geral do Ultramar/ Moçambique/1837-1933/AHU-ACL-SEMU-DGU.

para elle os aprezentar a seo amo, e certificar-lhe que o caminho para Sofalla estava franco para gente delle."

Em "segundo termo sobre o mesmo objeto", lavrado a 22 de junho desse mesmo ano em outra reunião do Conselho, o secretário Manoel José Colaço informava que, em vista do exposto, o governo determinou aos negociantes da vila que subscrevessem a quantia de quatrocentos panos, entregues a Ozorio Antonio e Joaquim Pereira para "marcharem com o mencionado chefe do Manicusse". Mas o encontro não aconteceu: no dia seguinte ao relato de José Gonçalves, dois enviados de Maputumane, "chefe do exercito" de Manicusse, "aquartelado em Mambone", se apresentaram ao comandante militar de Sofala com a mensagem de que não obedecessem a Maxacate, "por q elle Maputumana era o chefe grande", e que

> Manicussi sendo senhor lhe ordenara mandasse esta embaixada para dizer, q elle já dobrou a sua azagaia, símbolo de q cessou de continuar a guerra, e sim tomar posse das terras circunvizinhas a este Districto; e o que queria era paz correspondência e comercio com os desta vila como está praticando com os da de Inhambane; e q mandasse mercadores para com elle comerciasse e q as fazendas sejão pretas, misanga de qualidades segundo a amostra q aprezentou e coral falço...[28]

Nesse sentido, decidiu-se unanimemente que as fazendas (já prontas) fossem levadas a Maputumana pela "embaixada" e por Ozorio Antonio e Joaquim Pereira, "dizendo q da parte deste comando militar, e dos muzungos tãobem desejão ter paz, amizade, e comercio com elle Manicussi" e que mandasse "seus gêneros de vendagem", pois certamente encontraria "franco comercio e bom acolhimento a sua gente; e q havendo boa correspondência não há de lhe faltar fazendas e gêneros q dezeja". O "chefe do exército" de Manicusse, de acordo com termo de 10 de julho de 1842, ficou muito satisfeito e recomendou que informassem aos "muzungos", quando do retorno à vila, que

---

28 *loc. cit.*

> se quizessem a correspondência pretendida lhe mandasse mais fazendas para
> com que a que está de posse levar a seo Amo, para lhe certificar q o caminho
> para Sofalla estava aberto, e franco; e q brevemente elle tornaria para fazer
> ajuntar todo o marfim destas terras conquistadas para aqui trazer.[29]

Ao fim dos sucessivos encontros, a busca por compatibilizar os interesses entre ngunis e portugueses assumiu progressivamente a centralidade nas negociações, sublinhada pela preocupação em garantir uma "boa correspondência de parte a parte". De acordo com José Gonçalves, à primeira intimação respondeu "com resolução" que não aceitava "aquela projeção, suceda o que sucedesse", e Maputumane, dias depois, desmentiu Maxacate, declarando "q estas não erão as ordens de Manicussi".

Apesar das referências recorrentes à "paz, amizade e comércio", responsáveis pelo efeito conciliatório projetado no texto, "amo", "senhor", "exército aquartelado" e "terras conquistadas", no entanto, denotavam que aquelas eram expressões confinadas, tal como os próprios portugueses de Sofala, a um espaço restrito de manifestação, em função de um poder que se estendia pelas terras ao "sul desta dita villa" e "circunvizinhas a este Districto". É o que sugere um relatório escrito em junho de 1844 pelo então comandante militar de Sofala, Antonio Paulo Soares, e apresentado ao governador geral da província de Moçambique, Rodrigo Luciano de Abreu Lima.

No documento, Paulo Soares informava sobre a aproximação, em janeiro de 1843, de "huma grande força, cujo chefe Cubacubá (outro filho de Manicussi)" vivia independente do pai e ocupava "todas as nossas terras ate Dendira, huma legoa distante desta mesma vila", e sobre a decisão, em fevereiro de 1843, que

> por parte das terras da Nação, mandasse (como com effeito se mandou)
> oitenta panos a Manicussi, alem dos particulares dezoito, e Diogo do Roza-
> rio Lobo pela de suas terras Mugova outros dezoito panos por serem terras
> mais notáveis onde os desta Villa fazem suas culturas de mantimentos, e
> plantações; participando com estas fazendas ao dito Manicussi, q a gente
> de seu filho CubaCuba assolava as nossas terras, não deixando cultiva-las;

---

29 loc. cit.

> pedindo sobre isto providencias, e medidas ao mesmo tempo, q fizesse entregar outras terras mais distantes, q à tempos estavão invadidas...[30]

As terras, no entanto, só foram entregues em 17 de setembro de 1843, após sucessivas negociações e com o pagamento de uma espécie de resgate, "dando-se aos enviados (de Manicusse) pela feitoria 1546 panos, além de outras despezas já feitas". De acordo com o comandante militar, entrava nessa conta "o total de subscripção com q concorreo o povo e a Câmara Municipal", sem que, contudo, representasse dispêndio à Fazenda.

Isso porque, embora Diogo de Rozario Lobo, "principal dono" dessas terras, se tivesse negado, a princípio, a contribuir com "os menores proprietários das mais terras invadidas, ou assoladas por diversas forças de vátuas" com a "gratificação aos enviados de Manicusse a ponto de todos os mais dizerem que estavão promptos para concorrer encostando-se (e com razão) huns dos outros se os mais proprietários concorressem", entendeu, por fim, que "não havia outro remédio senão concluir este negócio", pois "pagava forros à Fazenda", e que "poderia subscrever com alguma coysa em concurrencia com todo o povo desta Villa".[31] E, por isso, apesar do governo ter se antecipado e disposto do valor, "vendo q se achava todos os régulos das terras delle (Diogo Rozario Lobo) nesta villa reprezentando ao Capitãomor, q para não perderem suas vidas, e suas famílias q se hirião entregar ao Manicussi, visto q não contentava-mos os ditos enviados pela entrega das terras", a subscrição, com a participação do "principal proprietário", logo compensou os gastos da Fazenda.[32]

A origem do Reino de Gaza e a expansão da autoridade de Manicusse sobre o sul de Moçambique na primeira metade do século XIX coincidiu com um crescente e renovado interesse português pelas possessões ultramarinas, deflagrados pela independência do Brasil em 1822, tida por iminente já nas duas décadas que a antecederam.

De acordo com o historiador português Valentim Alexandre, a vinda da família real para o Rio de Janeiro, a abertura dos portos brasileiros ao comércio estrangeiro em 1808 e os Tratados de 1810 com a Inglaterra representaram uma ruptura "insanável" no

---

30 *loc. cit.*

31 *loc. cit.*

32 *loc. cit.*

Pacto Colonial, desagregando o antigo sistema colonial e abalando a sociedade portuguesa. Progressivamente, impunha-se ao Estado português a necessidade de encontrar fontes suplementares de renda ou atacar os antigos privilégios do clero e da nobreza.[33]

Nesse sentido, a Revolução Liberal do Porto em 1820, como ensejo às contestações e insatisfações com o Antigo Regime, parecia gerar uma nova dinâmica tendente à transformação das bases sobre as quais a sociedade portuguesa se assentava. Mas as reformas propostas, ao longo e após a revolução, caracterizaram-se mais pelas readaptações do que pelas rupturas. Isso porque, segundo José Tengarrinha, a extinção do Antigo Regime e o advento da sociedade liberal não provocaram uma oposição irredutível entre "classes feudais" e "classes burguesas" e sim um processo conduzido por um bloco social dominado por um "senhorialismo renovado", em que a burguesia desempenhou um papel subalterno.[34] Incapazes de arrebatar as antigas estruturas sociais e conduzir um projeto alternativo de desenvolvimento, os liberais assumiram a recolonização do Brasil como garantia de que as finanças públicas seriam solucionadas sem que as tensões internas fossem agravadas.

A independência do Brasil em 1822, no entanto, evidenciou o caráter instável desse recurso e a fragilidade de uma economia portuguesa alicerçada, até então, no ouro, nas mercadorias brasileiras e no tráfico de escravos. Mas essa crise era parte de um conflito mais amplo no qual se questionava se, com a emancipação do Brasil, Portugal sobreviveria como nação autônoma e soberana.

Para o antropologo português Eduardo Lourenço, as origens dessas incertezas estavam no século XII, quando Portugal tornou-se politicamente independente e livre do Islão, mas comprimido na península ibérica, o que fazia da independência uma conquista ameaçada, prestes a se reverter. Voltado para o Atlântico, "a outra fronteira sem fim que mais tarde fará parte do seu espaço real e mítico de povo descobridor", formou-se progressivamente a ideia de que essa fragilidade era uma dádiva da Providência e o reino de Portugal uma espécie de milagre contínuo, expressão da vontade de Deus.[35]

---

33 Alexandre, *op. cit.*, p. 200.

34 José Tengarrinha, "Contestação rural e Revolução Liberal em Portugal". In: José Tengarrinha (org.). *História de Portugal*. Bauru, Bauru: Edusc; São Paulo: Unesp, 2000, p. 290.

35 Eduardo Lourenço, *Mitologia da saudade: seguido de Portugal como destino*. São Paulo: Companhia das Letras, 1999, p. 91

Ainda de acordo com este autor, o singular no português era o olhar-se e viver como povo de existência miraculosa, fronteira da cristandade e objeto de uma particular predileção divina. Independente de outros fatores, essa inclinação teria marcado e predestinado a trajetória dos povos peninsulares, alijando-os dos conflitos que caracterizavam o restante da Europa, como as rivalidades entre França e Inglaterra, as lutas entre o Papado e o Império ou o nascimento das ligas hanseáticas do Norte. "De costas para a Europa" e voltado para a África, para o Brasil e para o Oriente, Portugal assumiu o papel de descobridor e colonizador dessas terras, cumprindo sua missão e seu destino imperial.[36]

A análise proposta por Eduardo Lourenço ajuda a compreender o aspecto simbólico e identitário que a posse das colônias representava para Portugal e como a independência do Brasil gerou uma profunda crise na sociedade portuguesa. Nesse contexto, após 1822 as opiniões sobre o futuro do país se dividiram. Para uma parte da sociedade, a "perda" da colônia portuguesa representava o momento ideal para que o país se reencontrasse através do desenvolvimento interno, do aproveitamento dos recursos existentes e do fomento à agricultura, à indústria e ao comércio lusos. Apontavam para as consequências nefastas das expedições marítimas e das empresas ultramarinas, insistindo para que as novas tentativas coloniais fossem abandonadas.[37]

Essa crítica ao projeto colonialista surgiu de forma isolada e não alcançou expressão significativa. Muito mais forte foi a ideia de que a emancipação do Brasil representava a própria ruína da nação, só contornável com o desenvolvimento das possessões africanas:

> De súbito, nós que já não tínhamos nem verdadeiro império nem imaginário imperial desde os princípios do século, com a natural independência do Brasil, acordamos para o império africano até então desprezado, e aí buscamos uma imagem de nós mesmos que nos compensasse da pouca ou nenhuma imagem europeia.[38]

---

36 *Ibidem*, p. 92-94.

37 Alexandre, *op. cit.*

38 Lourenço, *op. cit.*, p. 129.

Nesse sentido, de acordo com Valentim Alexandre, surgiram os primeiros projetos de um colonialismo voltado para um outro espaço geográfico, mas com o objetivo de reconstituir um sistema de relações comerciais idêntico ao do antigo regime. A recuperação de um império ultramarino pode ser entendida, dessa forma, como o reflexo das dificuldades sentidas em Portugal após 1822 e como resultado da busca por soluções alternativas que garantissem o retorno de uma possível prosperidade perdida.[39]

As "possessões ultramarinas" que a Constituição de 1822 enumerava formavam um conjunto de três governos gerais – o de Cabo Verde e Guiné, o de Angola e o de Moçambique – e um governo particular – o de São Tomé e Príncipe e São João Baptista de Ajudá. Mas a referência ao estado de decadência em que se encontravam nessa primeira metade do século XIX era constante nos escritos da época que chamavam a atenção dos poderes da metrópole para a ruína das fortalezas, para a indisciplina e degradação das guarnições e para o mau estado dos equipamentos.[40]

Eram poucas as possibilidades de, a curto prazo, intensificar as relações com as colônias, em especial porque muitos comerciantes estrangeiros atuavam nessas áreas, apesar de consideradas oficialmente "domínios" de Portugal. Em Moçambique, por exemplo, a distância em relação à Europa e a presença de ingleses que praticamente controlavam o fornecimento de produtos nessa região, dificultavam a concretização dos novos projetos coloniais.

Da mesma forma, interesses locais se opunham tenazmente às iniciativas no sentido de um controle mais efetivo por parte de Portugal. Quando a Companhia Comercial de Lourenço Marques e Inhambane (CCLMI) foi instituída pelo Alvará Régio de 19 de julho de 1825, a resistência que encontrou foi grande. Concedido o direito a Vicente Tomás dos Santos e a Carlos João Baptista de exclusividade na compra de marfim, como forma de se contrapor ao predomínio inglês e francês nessa região, a CCLMI teve de vencer pela força os obstáculos impostos pelas autoridades do presídio que controlavam o comércio da baía de Lourenço Marques e que não desistiam de hostilizar os "intrusos".[41]

---

39 Alexandre, *op. cit.*, p 128.

40 José Mattoso (org.), *História de Portugal*. Lisboa: Ed. Estampa, s/d, vol 5, p. 293.

41 Valentim Alexandre, *Origens do colonialismo português moderno (1822-1891)*. Lisboa: Sá da Costa, 1979, p. 37.

50   Gabriela Aparecida dos Santos

Com o acordo luso-brasileiro de reconhecimento da independência do Brasil em 1825, assinado pelo governo português sob pressão inglesa, os planos de reestruturação do sistema colonial, agora centrado nos domínios africanos, ganharam impulso. Em seu trabalho, *Origens do colonialismo português moderno (1822-1891)*, Valentim Alexandre reproduziu um projeto de lei apresentado pelo deputado José Antonio Ferreira Braklami às Cortes, o órgão representativo do Poder Legislativo português, em sessão do dia 11 de dezembro de 1826:

> A nossa Agricultura acha-se em grande abatimento relativamente à que já tivemos, e à que poderíamos obter; o Comércio, ou quase extinto, ou quase reduzido ao caráter de passivo, isto é, com o princípio de morte inerente à sua existência; a Indústria concentrada no consumo do País, e por isso incapaz de conseguir preferência, e produzir riqueza; a Navegação muito aquém da que em outros tempos fez a nossa prosperidade, e a nossa glória: remediar estes males é de absoluta necessidade; mas sem capitais que faremos? E aonde os iremos procurar, e adquirir? Eis as perguntas, que provavelmente me farão os homens probos, sinceros, e possuídos de verdadeiro Patriotismo, aos quais eu responderei afoutamente: Aonde! Na África. Sim, Senhores, em os nossos Estabelecimentos Africanos poderemos achar os meios, e os recursos adequados aos fins, que pretendemos conseguir.[42]

Na fala de Braklami destacava-se a polaridade construída. De um lado, Portugal – estagnado, em crise, com praticamente todas as atividades vitais de uma nação em decadência: a agricultura em abatimento; o comércio, quase extinto; a indústria, incapaz de produzir riqueza. De outro, o caminho capaz de "remediar estes males" – a África, em sua opulência esquecida e dormente, mas à espera da ação e das mãos do colonizador. Entre esses dois extremos, há uma distinção de tempos – o passado de glória, o presente a ser superado para se retomar a rota da prosperidade perdida e o futuro grandioso, representado pelos "nossos estabelecimentos africanos".

---

42 "Um plano para as colônias. Proposição e projecto de lei apresentados às Cortes pelo deputado Braklami in 'Diário das Cortes', sessão de 11 de dezembro de 1826 da Câmara dos Deputados". Apud. Alexandre, *idem*, p. 92.

Reino de Gaza 51

A projeção desse futuro grandioso estava atrelada a uma rede de valores que envolvia a elaboração dos projetos voltados para a África e que assumiram papel fundamental na sustentação do colonialismo português. Em outro trecho, o artigo 14 da proposta de lei, é possível reconhecer as bases do que Valentim Alexandre chamou de *Mito do Eldorado*, a crença inabalável na riqueza das colônias:

> Visto que até agora não têm sido exploradas, examinadas, e conhecidas as nossas Possessões Africanas, não somente no interior, mas ainda nas Costas; e sendo constante que em uma, e outra parte contêm, e incluem em si riquezas imensas, não só das já conhecidas, mas até de muitas outras ignoradas, enviar-se-ão para elas homens instruídos, e versados...[43]

A ideia da África como manancial e reserva de riquezas infindáveis reforçava não apenas a proposta de lei de Braklami, mas a própria certeza na superação da crise e na garantia de que Portugal permanecia em seu "destino imperial". A centralidade das colônias africanas no discurso não era apenas retórica e, sim, traduzia em palavras o crescente interesse por esse colonialismo voltado para a África e a crença de que a existência da nação a ele se atrelava. Ainda que a ideia de um novo projeto ultramarino, a partir dos domínios portugueses da Ásia e da África, não fosse novidade, a proposta de Braklami apontava concretamente a África como a única salvação para remediar a situação econômica do país e resgatar os tempos de "prosperidade" e "glória".

Para o deputado, a opção colonial representava, por si só, a possibilidade de criar mercados para a produção metropolitana, dando saída aos vinhos e ao sal, aos tecidos, ao calçado e aos gêneros agrícolas. Propunha ainda que à Marinha ficasse reservado o tráfego entre a metrópole e as colônias e que a ela se destinasse a "população ociosa e incômoda", que a depressão comercial tinha feito crescer e que se dessem incentivos ao trabalho livre em detrimento do escravo, encarado já nesta altura como um obstáculo à produção. Isentar ou reduzir os direitos do comércio entre Portugal e os domínios africanos e garantir a viagem e a concessão de terras aos novos colonos eram igualmente tarefas a que, no seu entender, o Estado deveria levar adiante.[44]

---

43 *Ibidem*, p. 98.

44 *Ibidem*, p. 93-96.

Na prática, no entanto, desconhecia-se por completo as realidades desses territórios. Na costa oriental africana, a presença portuguesa era um pouco mais precária do que em Angola. Em 1834, os portos da província de Moçambique estendiam-se entre a baía de Lourenço Marques e a baía de Tungue, junto ao Cabo Delgado, além da extensa faixa de terra ao longo do vale do Zambeze, entre Quelimane e Tete, no qual os portugueses mantinham, ainda que apenas oficialmente, o controle sobre os "prazos da Coroa".[45]

A maior parte de toda essa região permanecia sob controle de comerciantes envolvidos com o tráfico de escravos que se opunham às iniciativas portuguesas de penetração no continente africano. Da mesma forma, a fragilidade e a insuficiência de investimentos capazes de gerar uma presença mais efetiva das autoridades na colônia de Moçambique fizeram com que as iniciativas não tivessem resultado imediato.

A partir de 1836, com Sá da Bandeira na função de secretário de Estado dos Negócios da Marinha e Ultramar, um novo projeto de fomento ultramarino tomou corpo, abrindo novas perspectivas de desenvolvimento e exploração das possessões africanas. Em relatório de fevereiro desse mesmo ano, os temas da abolição do tráfico de escravos e da reforma da administração ultramarina visando ao exercício da soberania nos territórios do ultramar eram defendidos como condições indispensáveis a uma ação colonial bem sucedida. Aí se apontavam também, as vantagens da exploração das riquezas naturais africanas.[46]

O decreto que emitiu em 10 de dezembro de 1836 revelava que em Portugal existia um projeto de retomada da economia colonial na África, a partir da extinção do tráfico de escravos e da utilização da mão-de-obra, anteriormente exportada, no incremento das atividades produtivas. Essa iniciativa dava forma ao anseio da pequena

---

45 "O sistema dos prazos, posto em prática no início do século XVII (provavelmente seguindo um modelo já aplicado na Índia portuguesa), oferecia à Coroa a possibilidade de 'ocupar' teoricamente a África por intermédio de vassalos 'europeus' aos quais eram concedidas terras dominiais por arrendamento enfitêutico. Sem entrar na análise jurídica da enfiteuse portuguesa, podemos esquematizar e dizer que, em troca de uma renda (foro), as terras e os habitantes que nelas viviam eram, em geral, entregues durante três vidas contra a obrigação de guarnecer o prazo de homens armados, incumbidos de defender a colônia e de manter os fortes da Administração. Tinham ainda de manter os caminhos abertos e de cobrar o imposto (…) Caso único nos anais coloniais: a mulher tinha sempre a prioridade na obtenção de um prazo, e a herdeira era a sua filha mais velha". Pélissier, *op. cit.*, p. 80.

46 Mattoso, *op. cit.*, p. 294-295.

e média burguesia portuguesas de conduzir um processo de reestruturação do império e aprovar um conjunto de medidas que permitissem a sua concretização.

Com efeito, os últimos anos da década de 1830 foram marcados por uma intensa atividade legislativa, que tinha a África como alvo preferencial. Em 1838, já estavam estruturados os órgãos que na metrópole iriam superintender nos assuntos relativos ao ultramar. Ao mesmo tempo, aprovavam-se medidas no âmbito da reorganização administrativa, judicial e militar, para garantir o exercício da soberania do Estado português sobre os territórios africanos.

De acordo com Valentim Alexandre, a originalidade de Sá da Bandeira não residia no interesse que manifestou pelas colônias africanas, partilhado por muitos outros desde os anos vinte, nem na aceitação da abolição. Mas no fato de que, com o decreto de 10 de dezembro de 1836, assumia-se a política abolicionista como um projeto português próprio, abandonando a atitude de simples adaptação às medidas inglesas e procurando fazer da extinção do tráfico a base para uma rápida reconversão da economia das colônias, pela aplicação dos capitais a ele atrelado a atividades produtivas e pela utilização local dos trabalhadores antes exportados.

Esperava-se assim concorrer vantajosamente na produção dos gêneros coloniais com o próprio Brasil, já que este era obrigado a importar os escravos por preço elevado. Tratava-se, no seu conjunto, "de um projeto coerente, tanto pela sua lógica interna, como por traduzir a única via, na situação existente na década de 1830, para o que poderemos chamar a recolonização dos territórios africanos por parte de Portugal."[47]

A tentativa de aplicação desta política nos anos de 1837-39 sofreu, no entanto, uma completa derrota pela resistência que encontrou em Angola e Moçambique. O tráfico não foi extinto, nem mesmo teve qualquer solução de continuidade. Ao representar o projeto de reedificação do império, Sá da Bandeira encontrou fortes obstáculos à concretização do seu plano, enfrentando não só a forte resistência dos negreiros africanos como, de uma maneira geral, a oposição de todos os agentes envolvidos nas malhas do comércio ilegal. Isso porque a chamada "burguesia colonial", nas palavras de José Mattoso, era detentora de um elevado grau de autonomia, que se acentuou ao longo do segundo quartel do século XIX, em virtude da instabilidade política então vivida em Portugal e até da própria legislação liberal de descentralização administrativa.[48]

47 Alexandre, *op. cit.*, p. 46.

48 Mattoso, *op. cit.*, 295-296.

Foram, no entanto, promulgadas outras decisões com o fim de romper o tráfico como o Tratado Luso-Britânico de 3 de julho de 1842, que assimilava o tráfico negreiro à pirataria e permitia à *Royal Navy* inspecionar os navios de bandeira portuguesa, assim como a assinatura, em 1847, de um protocolo que autorizava os navios britânicos encarregados da repressão do tráfico a entrar em águas portuguesas.

Não dominando, no entanto, economicamente o tráfico negreiro nas próprias possessões, escapando-lhe o controle político e econômico de "pontos chaves" do comércio transoceânico, a metrópole via-se incapaz de modificar em profundidade as estruturas coloniais ou mesmo de impor simples medidas de proteção às mercadorias portuguesas.[49] Assim, em Moçambique e na sequência do declínio do comércio com o Oriente, acentuado após a abertura dos portos aos navios estrangeiros, o tráfico de escravos com destino às Américas, às ilhas do Índico e ao Oriente se intensificou, persistindo ainda na década de 1850 e dominando quase que completamente a economia moçambicana.

Só com a lei Eusébio de Queiroz, promulgada no Brasil em 4 de setembro de 1850 para reprimir o tráfico, é que pela primeira vez, e ao contrário do que sucedera com as medidas anteriormente tomadas nesse sentido, o tráfico em Moçambique se viu ameaçado. O projeto de construção de um "novo Brasil" na África, apresentado nos anos de 1830, parecia ter agora condições para uma efetiva realização.[50]

Com o Conselho Ultramarino, recriado em 1851, um conjunto de medidas voltado à política colonial foi promulgado incluindo a reforma, de cunho protecionista, das pautas coloniais; o envio regular de navios à costa ocidental e oriental da África e as primeiras disposições sobre mão-de-obra escrava, estipulando-se, em 1858, um prazo de vinte anos para a abolição do estatuto de escravo nas colônias portuguesas. Em linhas gerais, essas medidas se caracterizavam como uma tentativa de controle da transição do comércio de escravos ao comércio "lícito" então em curso e, sobretudo, um esforço para fomentar as relações entre a metrópole e as colônias, agora que se encontravam comprometidos os estreitos laços que as haviam unido ao Brasil.[51]

---

49 Alexandre, *op. cit.*, 1979, p. 46.

50 *Ibidem*, p. 46.

51 *Ibidem*, p. 55-56.

Esta nova política teve, aplicada com meios reduzidíssimos e aliada à forte resistência local, resultados muito escassos de imediato, mas a persistência com que foi conduzida produziu efeitos importantes como manter posições nas colônias e reduzir a participação de outras potências europeias. Na metrópole, devido ao relativo fortalecimento dos laços econômicos com a África, se deu maior peso aos setores interessados na atividade colonial e, sobretudo, contribuiu para a formação e expansão de uma ideologia colonialista que ganhou força nas décadas seguintes.[52]

As discussões que em Portugal envolviam a elaboração desses planos projetavam sobre essas iniciativas não apenas interesse econômico, mas a crença no destino imperial de que o país se perderia por completo enquanto nação caso as possessões ultramarinas não fossem garantidas. Esses projetos se voltavam, em especial, para uma região destinada à "ação civilizadora do homem branco", povoada por "selvagens" sem escrita e sem história.

Nesse contexto, a já citada proposta apresentada às Cortes portuguesas em 1826 pelo deputado José Antonio Ferreira Braklami ao mesmo tempo em que sintetizava e representava o interesse renovado pelas colônias na África traduzia a forma como esses projetos eram idealizados: a partir da crença de que com alguns investimentos portugueses iniciais o desenvolvimento tão desejado se tornaria possível. Mas, analisando a migração nguni e o poder de Manicusse no sul de Moçambique é possível considerá-los como processos que se interpuseram à concretização dos projetos colonialistas portugueses da primeira metade do século XIX, tal como a dificuldade em reunir os recursos necessários ao investimento nas colônias e os interesses locais atrelados ao tráfico de escravos. E, dessa forma, retomar a análise desse processo e interpretá-lo como resultado de interferências mútuas e múltiplas que caracterizam o colonialismo como um processo dinâmico que envolveu não apenas o desenvolvimento do imperialismo na Europa, mas a realidade e a interação com os povos africanos.

Isso porque, a extensão do Reino de Gaza no sul de Moçambique na primeira metade do XIX se interpunha, na prática, às bases sobre as quais se assentavam os projetos colonialistas voltados para a África, formulados especialmente a partir da década de 1820. Nesse período, a província de Moçambique ao sul do rio Zambeze estava dividida em três distritos – Sofala, Inhambane e Lourenço Marques – mas a presença dos portugueses se restringia a pontos específicos do litoral. Em geral, a autoridade portuguesa

---

52 *Ibidem*, p. 58.

era sentida apenas no entorno das fortalezas e o conhecimento sobre os territórios que as circundavam era insuficiente para garantir a integridade das expedições que se arriscassem no interior. Por outro lado, os ngunis pareciam ameaçadoramente próximos: em 1821, Manicusse atacou o presídio de Lourenço Marques com seus regimentos que o governador do distrito, Caetano da Costa Matozo, afastou com o pagamento de um tributo. Dias depois, no entanto, voltaram a se aproximar e, mais uma vez, os portugueses "compraram a paz com pérolas e gado."[53]

O desfecho desse episódio representa bem a fragilidade com que os portugueses mantinham-se nos poucos pontos do litoral que ocupavam, não apenas pela suscetibilidade de serem atacados, mas pela incapacidade de reagir e enfrentar os ngunis, optando pelo acordo e pelo pagamento de um tributo. Da mesma forma, as possibilidades de expansão da presença portuguesa na região se viam restritas pela ação e pelo poder de Manicusse e dos ngunis. Em 1834, de acordo com Pélissier, o governador de Inhambane, Manuel José da Costa, e muitos moradores que haviam partido em marcha pelo interior até o rio Limpopo, foram atacados e mortos pelos ngunis.[54] E em 1844, as autoridades portuguesas do distrito de Sofala, apesar da anunciada "paz, amizade e comercio", recorriam às subscrições como forma de recuperarem as terras ocupadas pelas forças do soberano nguni.

Os ataques em 1821 e 1834 e as sucessivas negociações entre ngunis e portugueses entre 1842 e 1844 repõem na história o seu significado: o de que, apesar de desconsiderados pelos projetos elaborados em Portugal, os africanos se interpuseram como agentes de sua própria história, se impondo às ações colonialistas e obrigando-o a alterações nas estratégias de ocupação estabelecidas.

Isso significa que o colonialismo português não resultou de projetos elaborados e executados num espaço vazio e inerte sobre os quais podiam ser projetados livremente. As "dificuldades" encontradas eram tão somente o conjunto de fatores que constituíam a história daquela região manifestando-se e impondo-se no processo. Foi diante de uma dessas "dificuldades" que o projeto colonialista português viu-se limitado em sua intenção de assumir a posse, ainda que embrionária nessa primeira metade do XIX – a existência do poder nguni e soberano do Reino de Gaza no sul de Moçambique.

---

53 Pélissier, *op. cit.*, p. 119.

54 *Ibidem*, p. 121.

2. Nos reinos de Mawewe (1858-1861) e Muzila (1862-1884)

A morte de Manicusse em 1858 conduziu a um processo sucessório marcado pela disputa entre dois de seus filhos, Mawewe e Muzila.[1] Entre aqueles que o soberano nguni teve de diferentes mulheres e que, segundo Diocleciano Fernandes das Neves, se consideravam herdeiros legítimos, destacavam-se Modanissa, o mais velho de todos e filho da primeira mulher, e Chuóne, filho da mulher para cujo casamento todo o povo contribuiu e que, no seu entender, deveria assumir o poder, considerando que "o herdeiro da coroa das nações vátuas é o filho primogênito da mulher do rei, para cujas núpcias toda a nação contribui com dinheiro".[2] Os antigos conselheiros de Manicusse, em geral referidos na documentação da época como os "grandes", no entanto, esconderam por alguns dias o seu falecimento, proclamaram Mawewe como sucessor e comandaram uma guerra aos outros irmãos que foram mortos, com exceção de Muzila, que fugiu e organizou uma força para tomar o poder ao irmão. Mas,

---

1 Muitos autores divergem quanto à data exata da morte de Manicusse, ainda que o ano de 1858 permaneça como a referência mais constante. Para Gerhard Liesegang, de acordo com "data mencionada pelo então governador de Lourenço Marques que soube do assunto porque morreu um comerciante português de marfim nos distúrbios que houve depois da morte de Manicusse": 11 de outubro de 1858. Gerhard J Liesegang, *Ngungunyane: a figura de Ngungunyane Nqumayo, rei de Gaza (1884-1895) e o desaparecimento do seu Estado*. Maputo: Embondeiro, s/d, p. 110. Para Diocleciano Fernandes das Neves, novembro de 1857. Diocleciano Fernandes das Neves, "África Oriental Portuguesa: exploração do rio Bembe". In: *Boletim da Sociedade de Geografia de Lisboa*, Lisboa: Imprensa Nacional, 3ª série, nº 6, 1881, p. 336. Isso porque, em geral, os ngunis, com receio de guerras entre os prováveis sucessores, guardavam segredo sobre a morte do soberano, até que o poder estivesse, de fato, ocupado. Maria da Conceição Vilhena, *Gungunhana no seu reino*. Lisboa: Edições Colibri, 1996, p. 41-42. Nesse contexto, é possível que a notícia se espalhasse com diferença de dias ou mesmo meses, fazendo com que, nas fontes, as datas fossem distintas.

2 Neves, *op. cit.*, p. 73.

se para Diocleciano Fernandes das Neves, Modanissa e Chuóne eram os prováveis herdeiros de Manicusse, quem eram, afinal, Mawewe e Muzila?

Em nota à passagem de Diocleciano sobre a sucessão em Gaza, Ilídio Rocha observou que, embora muitos historiadores ainda divergissem sobre as razões e a evolução da disputa entre Mawewe e Muzila, a versão do autor era confirmada pela tradição oral em Moçambique que a associava a um conflito entre, por um lado, o "direito consuetudinário zulu", onde o herdeiro era o filho da mulher paga pelo povo (Mawewe) e o "direito consuetudinário tsonga", em que o sucessor deveria ser o filho mais velho da primeira mulher (Muzila).[3] Ainda que Ilídio Rocha tenha sugerido a tal concordância, Diocleciano apontou Chuóne ao longo do seu texto como o filho da mulher a quem todos contribuíram para o casamento e não Mawewe, como diz a versão da tradição oral que invocou e retomou em apêndice sobre o autor:

> Com a morte deste potentado (Manicusse) em 1858, subiu ao trono Maueva, filho mais novo de Manicusse, que apoiado por seus tios e alguns velhos conselheiros angunes de seu pai, combateu e mandou matar os irmãos. Segundo Diocleciano, que é apoiado pela tradição oral chegada até aos nossos dias, Maueva era filho de uma das mulheres de Manicusse, Domya, a qual, não sendo a primeira, havia no entanto sido paga com o dinheiro do povo, pelo que, segundo o direito consuetudinário angune (zulo), lhe dava o direito à coroa.[4]

A suposição de que Mawewe pudesse se chamar Chuóne o próprio Ilídio desfaz ao afirmar que, "à margem dos primeiros combates e perseguições, de que foram vítimas seus irmãos Modanissa, Couce, Chuóne e Sipanjoa, ficou Muzila que se refugiou junto dos boers".[5] Chuóne e Mawewe eram, dessa forma, pessoas distintas o que permite uma segunda consideração: a de que Ilídio procedeu a uma correção no texto de Diocleciano sem mencioná-la formalmente, de modo a evitar que se pusesse em causa a sua validade enquanto documento histórico. Esse sentido é reforçado pela leitura de *Gungunhana no seu reino*, escrito por Maria da Conceição Vilhena que, ao

---

3 Neves; Rocha, *op. cit.*, p. 73.

4 *Ibidem*, p. 177-178.

5 *Ibidem*, p. 178.

reconstituir a ascendência de Mawewe e Muzila, recorreu a *Usos e costumes do sul de Moçambique*, de Sansão Mutemba, fundamentado em tradição oral moçambicana, para só mais adiante se servir do texto de Diocleciano. De acordo com Vilhena,

> ao invadir Moçambique, Manicusse avançou na direção norte e ficou alguns anos nos territórios de Manica e Sofala. Quando não temeu mais a perseguição de Tchaka, desceu para o Bilene, trazendo entre o seu povo muitos *vandaus*. Sucedeu ter-se casado com uma mulher dessa tribo, que foi a mãe de Muzila. Mas Manicusse casou depois também com uma mulher swazi, a mãe de Mawewe. Eram ambas mulheres principais, mas de povos com costumes diferentes. A primeira foi adquirida com o dinheiro do rei e a segunda com o dinheiro do povo. De acordo com o direito angune, era ao filho desta que competia subir ao trono, pela morte do pai; porém o direito local reconhecia Muzila como o legítimo herdeiro. Daí as guerras que se sucederam à morte de Manicusse.[6]

Licenciada em filologia românica pela Faculdade de Letras de Lisboa, Vilhena preparou sua tese de doutorado na França, lecionando, a partir de 1978, como professora catedrática na Universidade dos Açores. Publicado em 1996, seu texto é rico em detalhes sobre o modo de vida nguni em Gaza, retomando a origem desse grupo etnocultural, a formação do Reino, ainda que o tema central da obra fosse Gungunhana (1884-1895). Ao sublinhar a preocupação, no entanto, em escrever a partir de documentos em arquivos, relatórios de viagens "às cortes de Manicusse, Muzila, Gungunhana", jornais, revistas e obras escritas na época, pois, "para nós, em história, só o documento conta",[7] Vilhena destacou que sua intenção não era analisar profunda e criticamente essas fontes, "à procura de todas as suas implicações políticas", mas "gravar o vaivém da vida do personagem (Gungunhana), através de instantâneos registados por aqueles que a observaram nas suas palavras cotidianas e nas suas andanças".[8]

---

6 Mutemba, 1972 *apud* Vilhena, *op. cit.*, p. 32.

7 Vilhena, *op. cit.*, p. 8.

8 *Ibidem*, p. 9.

Se, por um lado, a ausência dessa crítica permitiu uma reconstrução do olhar europeu em relação ao africano no século xix e, em especial, dos portugueses em relação aos ngunis, por outro, produziu uma escrita muito próxima de uma perspectiva etnocêntrica, ao reproduzir termos carregados ideologicamente de significado e datados historicamente. "Invadir", que usou para a vinda de Manicusse para Moçambique, era uma expressão que os próprios portugueses utilizavam na época, pois consideravam que aquelas terras lhes pertenciam, não porque as ocupavam de fato, mas porque já lá se encontravam quando os ngunis chegaram. Era, nesse contexto, uma forma de marcar no discurso que a presença nguni era arbitrária, imposta pela força e a despeito dos verdadeiros donos daquelas terras.

Ainda que se possa argumentar no sentido de que essa era a forma como também a população local se referia aos ngunis nesse momento, em função de toda a violência que sofreu nesse processo, tendo muitas vezes que abandonar terras que há muito habitava e onde estavam enterrados seus ancestrais, outras passagens, para além do termo "tribo" que Vilhena empregou no mesmo trecho que "invadir", sugerem uma visão pré-concebida em relação aos ngunis, como a seguir:

> Todos aqueles que têm escrito sobre Gaza são unânimes em afirmar que os angunes sobressaíam pela sua inteligência. Todavia, o estado de primitivismo em que ainda viviam não lhes permitia ostentar um nível cultural superior ao dos indígenas por eles submetidos; a não ser na organização do exército e na capacidade de argumentação.[9]

As expressões tribo, primitivismo, nível cultural superior e indígenas, que Vilhena empregou no seu trabalho, compunham o imaginário e o entendimento europeu sobre os africanos no século xix. Na compreensão da diferença, esses termos eram recorrentes nos escritos da época, formalizando e alicerçando mecanismos e estratégias de dominação sobre o africano. De toda forma, o trabalho de Vilhena permanece como um estudo importante, pois retoma o processo de constituição do poder nguni em Gaza, da autoridade dos soberanos e do exercício da dominação sobre outros grupos etnoculturais.

---

9 *Ibidem*, p. 92.

Reino de Gaza   63

A sua versão, tal como a de Ilídio Rocha, de que Mawewe era filho da mulher cujo casamento com Manicusse todo o povo contribuiu, é também confirmada por Rita-Ferreira em *Povos de Moçambique*[1] e por Pélissier em *História de Moçambique*.[2] Por sua vez, Muzila, o mais velho depois de Modanissa, era filho de uma ndau, trazida para o sul quando Manicusse transferiu sua capital do norte do rio Save para Chaimite e cujo lobolo ele próprio pagou.[3]

Sobre a ascendência de Mawewe e Muzila e suas prerrogativas na sucessão do pai que, segundo Ilídio Rocha, envolviam direitos consuetudinários distintos, o zulu e o tsonga, pairam ainda questões importantes relativas ao exercício do poder pelo soberano nguni.[4] De acordo com Vilhena, ao expandir na direção norte da província de Moçambique, Manicusse ocupou as regiões de Manica e Sofala e trouxe, quando do retorno para o sul, muitos ndaus, entre eles a que se tornou sua esposa e mãe de Muzila. Por outro lado, teria se casado também com uma swazi, mãe de Mawewe e muito mais próxima da origem zulu dos ngunis.

O casamento do soberano nguni com uma ndau da região de Manica e Sofala e com uma swazi sugere a possibilidade de que essas uniões eram uma forma de Manicusse criar vínculos e alianças nos territórios sob seu domínio. Se, ao se casar com uma swazi, reforçava a origem nguni do poder, reiterando-o, ao fazê-lo com uma ndau se aproximava consideravelmente da maioria dominada. O ter um filho com cada uma dessas mulheres simbolizava, nesse sentido, a possibilidade do soberano integrar os diversos grupos que compunham o Reino de Gaza e de selar e perpetuar seu poder sobre cada uma dessas populações.

---

1 Rita-Ferreira se baseou no depoimento, segundo ele "válido e inteiramente baseado na tradição oral", de Alberto Munane Sibia, natural do Concelho do Baixo Limpopo e neto de um oficial de Mawewe, "de quem ouviu a versão que conhece" e segundo a qual a mãe de Mawewe, da dinastia real dos Dlamini, era a "mulher do país", cujo lobolo o povo pagou. Antonio Rita-Ferreira, *Povos de Moçambique: história e cultura*. Porto: Afrontamento, s/d, p. 304.

2 De acordo com Pélissier, "Mawewe, muito mais jovem que Muzila, era filho de uma esposa que pertencia à dinastia dos Dlaminis (angunes da Suazilândia) e cujo dote fora pago com as contribuições do povo - e que, por este facto, ficara a ser 'esposa' do país." Pélissier, *op. cit.*, p. 195.

3 Enquanto Vilhena e Rita-Ferreira afirmam que a mãe de Muzila era uma ndau, Pélissier se refere a uma tsonga. Vilhena, *op. cit.*, p. 92. Rita-Ferreira, *op. cit.*, p. 304. Pélissier, *op. cit.*, p. 195.

4 Neves e Rocha, *op. cit.*, p. 73.

Enquanto Mawewe cresceu ao lado de seus parentes na Suazilândia,[5] Muzila foi escolhido por Manicusse para completar a ocupação e administrar a região entre os rios Save e Zambeze,[6] como se o soberano procurasse conciliar a administração nguni com a população local, designando para governá-la aqueles que dela fossem mais próximos, ainda que o poder estivesse resguardado aos poucos ngunis de origem. Assim, é possível que a disputa sucessória entre Mawewe e Muzila envolvesse, de um lado, o direito consuetudinário zulu, representado pelos ngunis legítimos que se consideravam os únicos com direito à sucessão, e, do outro, o direito consuetudinário tsonga, associado à maioria dominada.

A morte de um soberano representava a passagem de uma situação de estabilidade para um momento de incertezas e indefinições, ainda que breve. Manicusse simbolizava o universo conhecido e um referencial importante de tempo e espaço. A busca para restabelecer essa ordem temporariamente rompida demandava o cumprimento de uma série de rituais que marcavam a transmissão do poder. Ainda que se refiram a um período posterior, alguns trechos dos escritos de Liegme, missionário e médico suíço que viveu durante aproximadamente quatro anos ao lado de Gungunhana, e que Maria da Conceição Vilhena reproduziu em seu trabalho, permitem observar como se desenvolviam essas cerimônias:

> primeiro a morte de Muzila foi conservada em segredo durante muito tempo (...) Entretanto foi sacrificado um touro a que se tirou a pele, para formar uma espécie de saco, em que foi metido o cadáver e colocado em suspensão, dentro da palhota. À medida que o cadáver se decompunha, o líquido que escorria era recolhido num recipiente. Com este líquido, misturado depois a outros ingredientes, preparou-se uma bebida sagrada que transmitiria ao herdeiro ao trono o poder de reinar. Chegado o momento próprio, o sucessor, já investido desse poder, abriu no recinto sagrado a sepultura onde foi enterrado o corpo do pai (...) O cadáver costumava ser colocado em posição sentada, com os braços cruzados e as pernas dobradas, e sobre a sepultura plantava-se o arbusto *mutchaia-inkosi*. Diante do recinto

---

5 Rita-Ferreira, *op. cit.*, p. 304-305.

6 "É mencionado por João Julião da Silva logo em 1844, ano em que os angunes de Gaza, parece que pela primeira vez, cobraram tributos nos prazos ao sul de Sena." *Ibidem*, p. 308.

sagrado desfilaram então os gados do defunto, o herdeiro e o exército. No dia seguinte todos os grandes do reino vieram prestar homenagem ao novo rei (...) Todos repetiram a saudação real *Bayete!* e assim terminou a cerimônia da sagração do novo rei. Todos os irmãos deviam estar presentes a esta cerimônia, pois a sua ausência podia ser considerada como sintoma de rivalidade. (...) Vem, por último, a cerimônia da coroação, depois do exército ter capturado bois aos inimigos, destinados aos sacrifícios.[7]

Como importante moeda de troca, o gado era, para os ngunis, sua principal fonte de riqueza. Em geral, o curral ocupava o centro da povoação, lugar privilegiado onde se realizavam reuniões, cerimônias e o enterro do próprio soberano nguni; mas ao touro, em especial, e à sua condição de bem econômico, atrelava-se um valor religioso, de propiciação e transmissão de força, enquanto ao boi se reservava a função ritual de aplacar os espíritos em cólera e atrair as bênçãos dos antepassados. Os ovinos e caprinos, embora fossem também utilizados nos rituais, gozavam de um prestígio muito inferior ao do boi – eram gado miúdo, que se entregava aos cuidados dos mais jovens.[8]

Nesse contexto, o touro marcava a força e a tenacidade, incorporadas num fluxo contínuo pela proximidade cotidiana e espacial, e a garantia de sobrevivência. Confinado na sacralidade, representada pelo curral no centro da povoação, local dos rituais e das cerimônias sagradas, fundir o touro ao corpo do próprio soberano e, do seu líquido, extrair a essência a ser ingerida pelo sucessor era uma forma de, simbolicamente, assegurar uma continuação e restabelecer a ordem provisoriamente suspensa pela morte. Aquele que abria a terra para o enterro estava então pronto para assumir, sob os bons auspícios de seus antepassados – a passagem era completada e os espíritos se satisfaziam com o cumprimento dos rituais.

Ainda que a cerimônia procurasse restabelecer a ordem rompida, as incertezas e indefinições podiam, no entanto, se prolongar com as longas disputas pela sucessão, embora Mawewe tivesse enterrado o pai e assumido simbolicamente o poder,

---

7 Vilhena, *op. cit.*, p. 43-44.

8 *Ibidem*, p. 78-79.

66   Gabriela Aparecida dos Santos

como sugere uma passagem do texto de Diocleciano em que narra seu encontro, ao passar pela povoação de Cheluana em outubro de 1860, com a "embaixada do Maueva à rainha Majájú",

> a única que sabe o remédio de combater eficazmente qualquer epidemia, de que, por desgraça, forem acometidas uma ou muitas povoações. Possui o respeitável segredo de fazer, por meio de mezinhas que ela emprega, com que um exército desbarate infalivelmente outro, ainda que três ou quatro vezes mais poderoso. Mas na chuva é que ela é verdadeiramente admirável. Jamais deixa de chover quando a mandam fazer, e se alguma vez sucede falhar, é porque existe uma causa desconhecida, que a faz afastar para longe. Mas, em breve, tomará verdadeiro conhecimento desse obstáculo, oculto, empregando a magia e a ciência, que possui em larga escala; e uma vez senhora do segredo não lhe faltam meios seguros para combater, até extinguir de todo, a causa que se opunha à chuva, que depois cai em grande cópia. Entretanto, para obter dela um milagre, especialmente este último, é necessário pagar-lhe muito bem.[9]

De acordo com Diocleciano, ao receber a embaixada,[10] Mojájú entregou um boi e prometeu dar solução à súplica de Mawewe em três dias. Ao final do prazo, voltou o enviado de Mawewe, declarando Mojájú que

---

9 "A existência da rainha, por si só, constitui um verdadeiro milagre. Há muitos séculos que ela tem sido sempre a mesma rainha Mojájú. Não é casada nem pode casar. Todavia é indispensável que tenha uma filha, que por sua morte venha a ser a herdeira da coroa. Num belo dia, inesperadamente, ela faz o milagre de dar à luz uma filha, sem ter cometido, dizem, o pecado de Eva, mas sim concebido por obra e graça da natureza! Antes dos holandeses se estabelecerem em Zoutpansberg, todos os régulos das vastas terras de Beja lhe pagavam tributo. Não era o seu poder material que sujeitava os Bejas a esta vassalagem. Muitos régulos havia mais poderosos dez vezes do que ela, e pagavam-lhe todavia tributo, pelo respeito aos milagres que lhe atribuíam, especialmente com relação à chuva. Todos eles estavam, e estão ainda hoje persuadidos, que a Mojájú é infalível em fazer chover quando quer." Neves e Rocha, *op. cit.*, p. 66-67.

10 "Com as maiores provas de consideração que era devida à sua alta dignidade de embaixador". *Ibidem*, p. 67.

divisara em suas profundas cogitações um grande obstáculo, que se opunha à chuva, que havia empregado muitos dos variados meios de que dispunha, a fim de conhecer a natureza dele, quando porventura se apresentasse, mas como era uma coisa que não tinha sucedido ainda, não podia descobrir a sua qualidade.

Nesse contexto, enviou três "ministros bejas" às terras de Gaza, para que descobrissem a causa que o determinava.[11] Ao chegar, pediram uma povoação onde "estivessem livres do contacto de qualquer outra gente, que não fosse a sua", pois assim exigia "a delicadeza do trabalho que tinham de preparar para fazer o remédio da chuva."[12] Passados quatro dias, os "sacerdotes mandaram pela manhã dizer ao Maueva que haviam concluído todos os seus trabalhos, resolvendo, naquele dia, por ocasião do Sol descer do meio-dia para o poente, fazer o remédio para chover, a cuja cerimônia era indispensável a sua presença."[13] Reunidos,

um dos sacerdotes, creio primaz das terras da Mojájú, fez sinal a um gagaísta real, que os acompanhava, para se aproximar. Levantou-se logo do grupo dos Bejas um preto com uma bolsa de couro em uma das mãos e uma varinha na outra, indo sentar-se defronte do sacerdote primaz. Era o gagaísta. Arrancou com as mãos as ervas que havia no terreno de entre um e outro, alisou depois a terra, e despejou cautelosamente a bolsa do gagão. (...) Incorporado aos Bejas o gagaísta do Maueva, o sacerdote primaz pronunciou uma oração na qual invocava a alma da mãe da rainha, para lhe mostrar qualquer obstáculo que porventura existisse contra o desenvolvimento da chuva que a sua filha o tinha incumbido de fazer no reino de Jámine (era o nome do pai de Manicusse). Finda a oração pegou com as suas enormes mãos em todas as peças do gagão,

---

11 "Entretanto, era possível que se apresentasse com uma natureza tal que os ministros se vissem embaraçados; mas ela então, certa da existência dele, descobriria facilmente a sua origem. Os meios para depois o combater e destruir eram circunstâncias de pouca importância." *Ibidem*, p. 67.

12 *Ibidem*, p. 67.

13 Neves e Rocha, *loc. cit.*

revolveu-as, e espalhou-as no chão a um tempo, cruzando depois os braços sobre os joelhos.[14]

Após jogar as peças por duas vezes sucessivas, percebeu a singular posição tomada por uma e a coincidência de ser seguida por três outras, que apesar de diferente nature-za, tinham com ela muita afinidade. Por mais uma vez, as peças foram lançadas e o gagaísta voltou a procurar a peça que lhe chamava a atenção: observou se as três que antes a tinham acompanhado continuavam a segui-la; e depois de ter examinado e estudado a situação de todas, bateu melancolicamente com a varinha sobre a peça que se tornara saliente e nas três que se obstinavam a segui-la já por outro caminho. Visivelmente desanimado, deixou cair a varinha no chão, escondendo o rosto com as mãos:

> o gagaísta de Mojajú tinha razão de perturbar-se. 'Vede, disse ele ao gagaísta do Maueva, apontando para a peça saliente: o sucessor do reino do Manicusse tem grande combo (infelicidade) (...) que contraria infatigavelmente a chuva.[15]

A existência de um obstáculo estava agora em evidência e para removê-lo os enviados de Mojájú fizeram um preparo com ervas para que se pudesse, a seguir, indagar a qualidade do obstáculo que afastava a chuva. Passados alguns minutos, "o sacerdote primaz foi dizer ao primeiro-ministro de Mawewe que tinha concluído o remédio da chuva; acrescentando que se ela não caísse dentro de 48 horas era porque existia de fato um obstáculo que a fazia afastar para longe".[16] Mas a chuva não veio, dando indícios de que um terrível obstáculo a impedia.

---

14 Neves e Rocha, *op. cit.*, p. 68-69. Na página 22, Diocleciano descreve o uso e o significado do gagão, que "compõe-se de ganizes e outros ossos pequenos de cabritos selvagens e domésticos, de ossinhos da cabeça da hiena e de miúdos seixos marítimos, brancos e pretos. O gagão é o oráculo dos pretos. Não marcham para a guerra, não empreendem nenhuma viagem, sem que previamente o consultem. Para qualquer acto da vida, até o menos importante, carecem de consultá-lo. Todos os pretos o sabem deitar. Uma consulta simples qualquer pode fazê-la, conseguindo uma resposta do oráculo. Porém, quando um preto se dispõe a fazer viagem, tem necessariamente de socorrer-se dos professores de gagão, que são uns verdadeiros sacerdotes dos negros."

15 *Ibidem*, p. 69-70.

16 Neves e Rocha, *op. cit.*, p. 70-71.

Durante quatro dias consecutivos esteve o "sacerdote primaz" trabalhando e estudando o "gagão", a fim de conhecer a sua qualidade, sem qualquer resultado. No quinto, porém, à noite, depois de ter incessantemente trabalhado todo o dia, conseguiu descobrir-lhe a origem, mas era de tão grande importância que só a própria Mojájú seria capaz de combinar elementos para a combater, pois Mawewe era o obstáculo que se opunha à chuva:

> um maldito osso pequenino de lebre, que significava no gagão o obstáculo, havia maliciosamente tomado a forma de Mawewe; e as três peças, que o perseguiam, representavam os seus três irmãos Chuóne, Sipanjoa e Modanissa, que ele mandara matar traiçoeiramente, por ocasião do falecimento de Manicusse, temendo que se sublevassem.[17]

No dia imediato à descoberta, os enviados despediram-se de Mawewe, dizendo-lhe que apenas Mojájú era capaz de resolver um obstáculo de tamanha gravidade. Voltaram em dezembro do mesmo ano, afiançando que desta vez a chuva seria copiosa em todo o reino. Ao entrarem na povoação do sucessor de Manicusse, todos se encontravam reunidos no grande curral de gado, sentaram-se numa esteira posta no centro e Mawewe surgiu após meia hora, pois tomava "bafo" para a ocasião.[18] Depois de apresentar os cumprimentos que a Mojájú lhe enviava, o "sacerdote primaz" deu início à mensagem de que era portador:

---

17 *Ibidem*, p. 71.

18 De acordo com Diocleciano, o bafo é um banho de estufa, "de que os pretos usam para combater várias enfermidades: tomam-no também sempre que empreendem alguma viagem ao interior. É preparado da seguinte maneira: põem ao fogo uma panela grande, cheia de água. A três passos do braseiro armam, com cobertores e capulanas, um cubículo, onde só cabe em pé um homem. Apenas a água ferve, o caçador entra para o cubículo, aonde também metem a panela com a água. Os vapores que emanam dela produzem efeitos extraordinários. Torna-se tão copiosa a transpiração do corpo, que o preto fica escorrendo, como se saísse momentaneamente de um rio. O bafo dura apenas cinco minutos. Depois desmancham rapidamente o cubículo e deitam uma grande porção de água fria sobre a cabeça e o corpo do caçador, a fim de evitar que ele se constipe." *Ibidem*, p. 24.

As almas de vossos irmãos andam vagueando nas terras que eram suas, desde que os mandaste matar. É necessário pois fazê-las sair, não à força, que nem vós nem a rainha teriam poder para tanto, mas implorando e pedindo-lhes perdão. Deveis começar em primeiro lugar pela alma do Modanissa, vosso irmão mais velho, indo pessoalmente ao lugar onde ele tinha a sua residência, e mandar ali matar um touro que seja todo negro. Extraído o bucho, mandá-lo-eis transportar para o local da palhota onde ele dormia. Feito isto, proferireis a seguinte oração: "Meu querido irmão, pela alma do nosso bom pai vos peço, que me perdoeis todo o mal que num momento de delírio mandei fazer a vós e a nossos nunca assaz chorados Chuóne e Sipanjoa. Vós bem sabeis, meu querido irmão, quantas lágrimas eu tenho derramado! (...) Eu era uma criança. Proclamaram-me rei, porque a minha inexperiência lhes convinha, para explorarem em seu proveito a ignorância no nosso bom povo. Alma do meu querido irmão Modanissa, a vossa vingança seria justa, se porventura caísse só sobre mim e nos grande que vos fizeram mal; mas lembrai-vos que o povo não tem culpa nenhuma. Pela alma de nosso pai vos suplico que vos retireis, levando convosco as almas de nossos irmãos Chuóne e Sipanjoa que andam a penas nas suas terras por minha culpa: ide todos descansar em paz, na eternidade, ao lado de nossos avós!" Finda a oração abrirei então o bucho do boi, e extraindo, vós mesmo, o esterco, no qual eu juntarei nessa ocasião um remédio que a rainha me entregou, espalhá-lo-eis pelo lugar em que estava edificada a palhota dele. No acto disto se executar proferireis as seguintes palavras: "Vai em paz, meu querido irmão e não voltes mais". [19]

Mojájú recomendava ainda que, com o remédio que lhe havia enviado, Mawewe percorresse a povoação de seus outros irmãos também mortos, Chuóne e Sipanjoa, repetindo a mesma oração e sacrificando, para o primeiro, uma vaca branca que estivesse prenhe pela primeira vez, e para o segundo, uma vitela preta com malhas brancas.[20] Depois de seguidas as instruções, a chuva caiu com força:

19 *Ibidem*, p. 72-73.

20 Neves e Rocha, *loc. cit.*

Como se vê, os ministros da Mojájú alcançaram um verdadeiro triunfo. Toda a corte ficou vivamente impressionada do grande milagre que a rainha acabava de fazer no reino do Maueva. Este não cabia em si de contente, por se considerar livre de perseguição das almas dos irmãos.[21]

Ao concluir a história, Diocleciano reagiu com ironia: "os milagres de Lourdes e outros perdem toda a sua importância em presença dos da Mojájú (...) Os jesuítas e toda a casta de tonsurados lucrariam muitíssimo em ir aprender com aqueles sacerdotes selvagens a fina velhacaria, que sabem empregar para iludir os ignorantes".[22] De acordo com o autor, após períodos de seca, em dezembro e janeiro eram comuns "as fortes chuvadas que se fazem anunciar por um vento do norte, excessivamente quente, sendo mais frequentes na lua nova e na lua cheia".[23] Nesse sentido, e independentemente da força e da intervenção de Mojájú, a chuva viria naturalmente.

Considerando que o *Incuaia*, a festa que celebrava a colheita, ocorria anualmente no mês de fevereiro e que os eventos descritos por Diocleciano aconteceram entre outubro e novembro, é possível que a falta de chuva num período imediatamente anterior à nova safra causasse grande inquietação na população local, que antevia sua sobrevivência ameaçada pela estiagem. E, nesse contexto, mais do que saber se a falta de chuva na região era realmente excepcional ou não, é significativo que Mawewe pudesse ser considerado como a causa principal dessa estiagem, pois revela uma tensão subjacente ao seu poder.

Assim, é provável que a morte violenta que impetrou aos seus irmãos Modanissa, Chuóne e Sipanjoa fosse interpretada como uma ruptura na ordem natural e que ao novo soberano se associasse, em meio a uma estiagem excepcional, se não um período de escassez, fome e crise, ao menos de incerteza, insegurança e insatisfações. Se, por outro lado, a ausência de chuvas nessa época era realmente parte do comportamento climático da região, a busca por respostas nos gagaístas de Mojájú indica que, mesmo um fenômeno climático que se repetia anualmente,

---

21 *Ibidem*, p. 75.

22 Neves e Rocha, *loc. cit.*

23 *Ibidem*, p. 74.

estava sendo reinterpretado como o prenúncio de que algo terrível estava por acontecer e que, de alguma forma, Mawewe provocou.

É possível que a insegurança em relação ao novo soberano fosse comum e se manifestasse sempre que a morte rompia o fluxo natural representado por aquele que o antecedera. Por mais que se pusesse como herdeiro legítimo que carregava simbolicamente a memória daquele que partiu, o início de um novo governo poderia suscitar diversos questionamentos quanto ao futuro. De toda forma, a presença dos irmãos de Mawewe, que vagavam entre os vivos, indica que, apesar de ter assumido o poder e de se colocar como o herdeiro de direito, nem todos o viam como soberano legítimo. Era como se os irmãos mortos representassem a ordem quebrada e uma passagem de poder que ainda não se completou totalmente.

Nesse contexto, era preciso que Mawewe pedisse perdão aos irmãos, se redimisse reconhecendo seus excessos e suas injustiças, convencendo-os de que podiam descansar em paz e convidando-os a se reintegrarem no novo poder. Incorporando os espíritos dos irmãos, procurava-se incorporar também os vivos, ao dissolver a oposição em rituais e cerimônias que reiteravam a passagem do poder de Manicusse para Mawewe e a anuência dos antepassados.

A continuidade da disputa pela sucessão sugere, no entanto, que nem todos se sentiam à vontade com Mawewe na condição de soberano em Gaza, pois Muzila, ao fugir para o Transvaal, conseguiu reunir um número significativo de pessoas que o reconheciam como o herdeiro legítimo e que passaram a acompanhá-lo.[24]

No texto *Das terras do Império Vátua às praças da República Bôer*, Diocleciano Fernandes das Neves se refere a uma conversa com Muzila, já refugiado, em novembro de 1860, em que o pretendente à sucessão se mostrava particularmente atento às ações do irmão – "deveis bem saber, que os segredos de Estado, que se agitam entre os conselheiros de Maueva, me são logo revelados"[25] – e informado de que

> meu irmão está definitivamente resolvido a mandar guerra à terra de Cossa, por ocasião de recolherem os mantimentos das searas, com o fim de

---

24 Pélissier, *op. cit.*, p. 196. Vilhena, *op. cit.*, p. 32. Rita-Ferreira, *op. cit.*, p. 305.

25 Neves e Rocha, *op. cit.*, p. 80.

matar o régulo Magude e colocar em seu lugar um tio dele. Esta guerra é movida por Bomana, filho do secretário grande do Maueva, ao qual o tio do Magude dera uma porção de cargas de fazenda, prometendo dar-lhe mais, depois de feita a guerra.[26]

Se de fato se realizasse, a guerra lhe proporcionaria "a melhor das ocasiões para eu me apresentar no meu país como seu legítimo rei", pois, acompanhada por dois homens seus, os habitantes das povoações seriam avisados doze horas antes de lá entrarem os de Mawewe, "cujo espaço de tempo é suficiente para o Magude fugir com toda a sua gente, mandando matar por esta ocasião o tio dele" e assim, quatro ou cinco meses depois, "abandono estas terras de Beja com toda a minha gente, e marcho a reunir-me ao Magude, que deverá estar com todos os seus nas margens do rio Imbélule".[27]

Muzila procurava, dessa forma, canalizar para si as insatisfações, angariando apoios e reiterando o seu direito de sucessão. Não era apenas dos cossas, no entanto, que procurava se aproximar, mas de portugueses que se viam prejudicados pela interdição, que associavam a Mawewe, de diversos pontos do comércio de marfim nos territórios de Gaza, propondo, na ocasião, que Diocleciano persuadisse o governo de Lourenço Marques a auxiliá-lo. A própria viagem de Diocleciano ao Transvaal, de que resultou *Das terras do Império Vátua às praças da República Bôer*, se devia a esses impedimentos, que apresentou na introdução do seu texto:

> Correu cheio de calamidades para os habitantes de Lourenço Marques o ano de 1860. Afrouxara consideravelmente o comércio do marfim, único naquele tempo por causa das correrias e extorsões que os cafres do rei Maueva, sucessor do célebre Manicusse, faziam em todos os pontos onde os habitantes de Lourenço Marques exerciam o seu tráfico. Os repetidos roubos dos selvagens haviam arruinado a maior parte dos

---

26 Neves e Rocha, *loc. cit.* De acordo com Pélissier "Magude era o régulo do Khocene, regulado tsonga povoado por cossas, a norte do Incomati, e que fora atacado por Mawewe." Pélissier, *op. cit.*, p. 201.

27 Neves e Rocha, *op. cit.*, p. 80.

> negociantes daquela povoação. [...] Também eu, infelizmente, pertencia ao número das vítimas![28]

Essa insatisfação, no entanto, parece não ter se restringido aos comerciantes de marfim – em outra passagem, Diocleciano se refere aos "insultos que (Mawewe) dirigia ao governo de Lourenço Marques" e aos "inúmeros roubos aos habitantes cometidos pela sua gente, (que) faziam recear o bárbaro".[29] E, de acordo com Maria da Conceição Vilhena, ao ocupar o cargo de governador de Lourenço Marques em 10 de outubro de 1860, Onofre Lourenço de Andrade deparou-se com vários problemas, entre os quais a presença ameaçadora do novo soberano:

> Maueva, nem menos tirano nem menos inimigo dos portugueses que seu pai, soberbo agora pela vitória que sobre seu irmão alcançara, levara o orgulho a ponto não só de se rebelar contra nós, não querendo pagar-nos tributo, mas de se supor senhor das terras por nós ocupadas, impondo-nos, como tal, tributo.[30]

Não há indícios de que Manicusse pagasse tributo às autoridades portuguesas – o próprio trecho "Maueva, nem menos tirano nem menos inimigo dos portugueses que seu pai" sugere que a relação entre portugueses e Manicusse não era das mais amistosas – e que, a partir desse pagamento por seu sucessor, Mawewe houvesse se comprometido a mantê-lo. A fala de Onofre Lourenço de Andrade, nesse sentido, parece sugerir mais uma expectativa no sentido de que Mawewe, na condição de soberano "recém-empossado" e detentor de um poder ainda relativamente frágil, se submetesse às autoridades portuguesas ou apenas uma crença firme de que aquelas terras pertenciam aos portugueses e que, portanto, Mawewe e sua gente lhe deviam tributos por terras que lhes eram cedidas. Mawewe, no entanto, não apenas não pagava os tributos considerados

---

28 *Ibidem*, p. 15.

29 *Ibidem*, p. 85.

30 Andrade, 1867 *apud* Vilhena, *op. cit.*, p. 34.

devidos como se "rebelava" contra as autoridades portuguesas, colocando-se, nas palavras do governador, em posição de soberba, como se a presença portuguesa o intimidasse muito pouco.

Maria da Conceição Vilhena se refere ainda a um ofício que o presidente da República Sul-Africana enviou em 29 de abril de 1861 ao vice-cônsul português, João Albasini, em Goedewensch, em que propunha que holandeses (também ameaçados por ações atribuídas a Mawewe) e portugueses organizassem uma força para que, em conjunto, combatessem o soberano nguni. Do ofício, contariam ainda as seguintes questões, segundo Onofre de Andrade:

> 1°. Se o governo português entendia ser proveitoso lançar fora das terras aquele malvado régulo, isto para sossego e segurança pública; 2°. De que maneira e com que condições; 3°. Se o governo português coadjuvava ou não os holandeses para este fim; 4°. Qual a coadjuvação que o governo português tencionava dar; 5°. Se deveria ser atacado por um lado ou por mais; 6°. Se o governo português coadjuvaria com força armada ou não; 7°. Se o governo português coadjuvaria com artilharia e munições; 8°. Se o governo português entendia ser proveitoso assim para a colônia portuguesa, como para a república africana, que aquele malvado fosse dali expulso; 9°. Quem devia pagar as despesas da guerra; 10°. No caso de haver despojos, a quem deveria pertencer, e de que maneira?[31]

Para além de um plano de ação conjunta, no entanto, a recorrência da expressão "coadjuvar" sugere que, a princípio, os holandeses atribuíam aos portugueses um papel mais de auxílio do que de primazia no processo, a considerar como verdadeira e fiel a reprodução do ofício. Por um lado, uma vez que a extensão do Reino de Gaza não coincidia necessariamente com os limites oficiais da província de Moçambique, é possível que os holandeses, julgando-se particularmente prejudicados pelo fechamento dos caminhos de caça e comércio de marfim e pela cobrança de tributos por Mawewe, tomassem para si a responsabilidade na condução do processo.

Por outro, como Vilhena reproduziu um trecho de um relatório escrito pelo governador de Lourenço Marques, e não o ofício, é possível que Onofre de An-

---

31 *Ibidem*, p. 34-35.

drade lesse com desconfiança uma proposta de intervenção externa em "terras portuguesas" e que questionava a quem deveriam pertencer os despojos. Assim, ao reproduzi-la, pode ter incorrido em pequenas alterações do sentido original, acentuando aspectos da sua leitura, ainda que involuntariamente.

Reforçam essa suposição a recusa da proposta – "parece que as autoridades de Moçambique aceitaram a colaboração dos boers, mas o governador de Lourenço Marques preferiu dispensá-la" – e o envio de uma embaixada a Mawewe que, com um saguate e um mensageiro que falava português e nguni, "ia perguntar ao régulo as razões da sua hostilidade". De acordo com Onofre de Andrade, no entanto, Mawewe "encolerizou-se e respondeu ao enviado que só não lhe mandava arrancar as orelhas em atenção ao bom presente que lhe levava; e que o governador tivesse prontos os navios para abandonar aquelas terras de que ele era o único dono".[32]

Mawewe teria enviado também uma embaixada a cobrar tributos de Lourenço Marques, ameaçando com guerra, caso o governador se negasse a pagar. Acuado, Onofre de Andrade entregou um cartucho de pólvora aos enviados, como uma mensagem de que se recusava seguir as exigências do soberano nguni.[33]

É preciso cuidado com os termos usados em relação a Mawewe. Somente dos trechos anteriores é possível extrair atributos como "tirano", "orgulhoso", "inimigo" e "malvado régulo" e, a considerar outras passagens do texto de Diocleciano, "selvagem" e "ladrão".[34] Numa época marcada pela crença na inferioridade do africano, essas expressões tendem, sobretudo, a encerrá-lo num discurso de agressividade beirando uma ferocidade desmedida e inata, em especial por se opor aos portugueses.

Nesse contexto, se desenvolveu a aproximação entre os portugueses e Muzila, que já havia instado a Diocleciano para que persuadisse o governo de Lourenço Marques a apoiar a sua causa:

---

32 *Ibidem*, p. 35. Pélissier, *op. cit.*, p. 200.

33 Vilhena, *op. cit.*, p. 35. Pélissier, *loc. cit.*

34 Neves e Rocha, *op. cit.*, p. 16;66.

Apresenta-se pois um ensejo favorável ao vosso governo para corrigir o Maueva, combinando com o régulo Maxaquene, de, em ocasião oportuna, reunir a mim toda a força de Mfumo, para irmos expulsá-lo das terras de Gaza. (...) Confio-vos este segredo, porque vos conheço há muito tempo e sois meu amigo, e nesta qualidade podeis concorrer muitíssimo, fazendo resolver o governador de Lourenço Marques e o Maxaquene a realizar a combinação que acabei de indicar-vos.[35]

De acordo com a resposta do comerciante de marfim, a proposta "seria bem acolhida, não só pelo governador e pelo Maxaquene, como por todos os brancos de Lourenço Marques", mas havia tamanha gravidade em tal combinação que "a menor imprudência perder-vos-ia e comprometeria muitíssimo o distrito de Lourenço Marques" e, por isso,

acho de todo ponto conveniente que o governador ignore a combinação até à ocasião de sucederem os acontecimentos, porque podia ele confiar o segredo a algum amigo que imprudentemente o divulgasse. É porém indispensável tratar antecipadamente com o Maxaquene. (...) Chegado a Lourenço Marques, falarei então com o Maxaquene sobre este assunto e do que se resolver ser-vos-á comunicado por um secretário dele. Quando se efectuar a vossa junção com o Magude, é então que deveis mandar pedir auxílio ao governador.[36]

Dessa forma, ao ser informado sobre a guerra de Mawewe, Muzila enviou um representante ao encontro de Magude, que se encontrava refugiado com os seus nas margens do rio dos Elefantes, para que ambos se unissem: "não tinha aquelle mais que dois mil oitocentos homens de armas, e este quatro mil e quinhentos; mas o Muzila tinha a grande vantagem de ser pretendente ao throno, e contar nos estados de seu irmão bom numero de partidários".[37]

---

35 *Ibidem*, p. 81. Maxaquene era então a autoridade principal das terras de Ka-Mfumo, próximo a Lourenço Marques, e considerado "vassalo" português.

36 Neves e Rocha, *loc. cit.*

37 *Ibidem*, p. 339.

Reunidas as duas forças aliadas, três emissários, acompanhados de Maxaquene que já havia sido contactado por Diocleciano, foram expedidos para que, em Lourenço Marques, obtivessem do governador do distrito (Onofre de Andrade) a garantia de ajuda na guerra contra Mawewe. O pedido foi feito em 2 de novembro de 1861 e, um mês depois, a 1º de dezembro, o próprio Muzila, acompanhado de Magudza, visitaram as autoridades portuguesas com o mesmo objectivo.[38] De acordo com Ilídio Rocha, o auxílio português consistiu na autorização para que as povoações do distrito de Lourenço Marques consideradas avassaladas pela Coroa portuguesa entrassem na guerra ao lado de Muzila com seus homens e que os negociantes de marfim permitissem que os seus caçadores, com as respectivas armas devidamente municiadas, dela também participassem.[39]

Em 17 de dezembro de 1861, as forças de Muzila, que já haviam vencido em confronto próximo ao rio Matola em 29 de novembro de 1861, saíram novamente vitoriosas. Em 15 de fevereiro de 1862 foram, no entanto, derrotadas em Macontene. Muzila se deslocou então para a região das nascentes do rio Buzi em março de 1862, de onde enviou forças que derrotaram Mawewe em batalhas de 17 a 20 de agosto de 1862 na região da Moamba.[40]

Sobre a primeira vitória das forças de Muzila há uma passagem importante no texto de Diocleciano, *África Oriental Portuguesa: exploração do rio Bembe*:

> Depois que o exercito alliado acabou de enterrar os cadáveres dos seus, veiu encontrar-se com o Muzila e o Magude que, a esse tempo se achavam em Lourenço Marques. A maior parte dos guerreiros só podia comer com a mão esquerda, por não poder fazer uso da direita, emquanto não houvessem sido purificados ou *mésinhados* pelo próprio Muzila, ceremonia que se realisou três dias depois da chegada das forças em um campo a uns 2 kilometros da villa portugueza. (...) Formaram todos em circulo em volta do Muzila e dos seus grandes. De vez em quando saía

---

38 *Ibidem*, p. 181. Pélissier, *op. cit.*, p. 201. Vilhena, *op. cit.*, p. 36.

39 Neves e Rocha, *op. cit.* p. 179.

40 *Idem*. "África Oriental Portuguesa: exploração do rio Bembe". In: *Boletim da Sociedade de Geografia de Lisboa*. Lisboa: Imprensa Nacional, 3ª série, nº 6, 1881, p. 340-343. Pélissier, *op. cit.*, p. 201-208; Rita- Ferreira, *op. cit.*, p. 306.

um guerreiro do circulo brandindo a zagaia e dando saltos descompostos ao som de medonhas exclamações, como se estivessem realmente n'um combate; e alguns dos que maior numero de victimas tinham feito vinham, com uma só zagaia, e com a mesma attitude bélica, levantando nuvens de poeira até se approximarem do Muzila, quebrando então a zagaia e lançando-lhe aos pés os pedaços. Significava isto que estavam promptos a dar por elle a vida. Passada uma hora n'estes exercícios militares (...) foram então introduzidos no grande circulo dez bois, dos quaes um foi immediatamente morto por um vigoroso golpe de zagaia, despedido pelo Muzila, direito ao coração do animal. Toda a gente gritou então a um tempo *baéte*, saudação respeitosa que equivale a "viva o rei!" Os restantes nove bois foram igualmente mortos á zagaia por pretos que não tinham figurado na guerra. Emquanto uns esfollavam os bois, outros traziam as panellas com as raízes já cosidas e depunham-nas ao pé do Muzila, procedendo-se então á grande ceremonia solemne da purificação dos guerreiros. Muzila soltou um collar de pedacinhos de raízes variadas que trazia ao pescoço, e escolhendo d'entre ellas as que julgou mais próprias e mais aromáticas, raspou com uma zagaia algumas aparas que deitou n'uma panella pequena. Em seguida tirou o *majovo*, ou tanga de tiras de pelles de animaes, e ficou nu. Segundo a etiqueta cafreal esta nudez não era, porém, completa; por isso que, usando os negros tapar o extremo do membro com uma pequena cabaça, mais ou menos artisticamente lavrada, que a elle se adapte, emquanto esta se não tira suppõe-se o individuo muito decente para apparecer diante de toda a gente, inclusive das donzellas, sem que o seu pudor, possa revoltar-se. Um mésinheiro real, espécie de sacerdote, feiticeiro e doutor, chamado também gagaista, chegou-se a elle com um pratinho de madeira na mão, em que se continha uma infusão de raiz de especial virtude, e mergulhando n'ella os dedos espergiu o peito do monarcha. O Muzila então deitou em cada panella uma pitada das raízes, que depois agitou vigorosamente de envolta com cosimento das outras raízes. Concluída a manipulação chegou-se aos guerreiros, seguido pelos rapazes que levavam as panellas, e tirando um punhado de raízes começou a aspergir os soldados. (...) Percorreu assim todo o circulo, e quando terminou a operação ergueu-se de todos os peitos um grito unisono e vigoroso *baéte*. Estava concluída a ceremonia da purificação; os soldados estavam rehabilitados; já podiam fazer uso da mão direita. Lançaram-se então todos sobre as rezes mortas, depedaçaram-nas, açaram-nas nas brazas e devoraram tudo em menos de quarenta minutos.[41]

A passagem permite recuperar aspectos importantes do Reino de Gaza, ainda que remeta a um momento específico da sua história. Rita-Ferreira, aproximando os ngunis de sua filiação zulu, destacava a mobilização de guerreiros, organizados em regimentos e dispostos em cidadelas, como uma característica central dessas sociedades.[42]

A formação desses agrupamentos constituía uma prerrogativa do soberano, que determinava aos comandantes de regimentos de cada cidadela, os *tindunas*, que convocassem os jovens recrutas e todos os outros guerreiros e se preparassem para as grandes cerimônias, as *ukubuthua*, realizadas após as colheitas, na época seca e fresca. Depois de construírem seus abrigos, os jovens eram apresentados aos guerreiros e recebiam o nome do seu regimento; em seguida, caminhavam até a povoação do soberano e o saudavam com *bayete!*.

Os futuros guerreiros, submetidos a uma disciplina severa e alimentados com cerveja e carne, construíam a sua própria cidadela definitiva, a *iklanda*, recebiam instrução militar, treinavam cantos e danças de guerra que desenvolviam o sentido de lealdade e a disciplina dos movimentos, organizavam caçadas coletivas, realizavam trabalhos agrícolas necessários à manutenção da sua *iklanda* e da povoação do próprio soberano e reparavam suas instalações. Qualquer falta cometida por um só dos recrutas implicava numa punição coletiva a todo o regimento.

Cada regimento tinha em média, e de acordo com Rita-Ferreira, entre 800 e 1000 homens, agrupados em companhias, as *amaviyo*, seguindo a origem territorial de cada guerreiro. Cada regimento distinguia-se pela cor dos escudos, pelas danças, cantos e trajes e, sobretudo, por ornamentos confeccionados com longas plumas que usavam na cabeça. Somente aos guerreiros que mais se destacavam era permitido usar miçangas, braceletes ou colares de latão oferecidos pelo soberano ou pelos *tindunas*.

---

41 Neves, *op. cit.*, p. 340-341.

42 Rita-Ferreira, *op. cit.*, p. 280-281.

Ainda que o gado bovino pertencesse na sua maior parte ao *inkosi*, para cada regimento encontrava-se distribuída uma manada da mesma cor, utilizada na alimentação e na fabricação dos escudos ovais de couro que, com um eixo longitudinal em madeira, aumentou em comprimento ao longo do tempo, de modo a cobrir quase todo o corpo. Da mesma forma, a antiga lança de arremesso foi substituída pela azagaia de cabo curto e folha larga, apropriada ao combate corpo a corpo.

O fim da *ukubuthua* era marcado pela cerimônia de distribuição das zagaias e dos escudos na presença dos *tindunas* e do *inkosi*. Cada seção do regimento regressava então à sua povoação para aí festejar o grande acontecimento e entregar as armas à autoridade principal. O retorno era também celebrado com rituais que invocavam os antepassados e com danças que eram assistidas pelos camaradas de armas do novo guerreiro.

Cada guerreiro prestava serviço na sua *iklanda* durante dois ou três meses, sendo a mobilização ordenada pelo *inkosi*, sempre que decidia realizar uma expedição militar, embora os *tindunas* pudessem também convocá-las em caso de justificada urgência. Mas nenhum guerreiro deixava a sua povoação sem se dirigir aos seus antepassados, enquanto o *inkosi* participava do preparo de *mezinhas*. Após a medicação geral, que visava redobrar a coragem, matava-se gado para alimentar os guerreiros, ofereciam-se sacrifícios e visitavam-se as sepulturas dos antepassados do soberano que, antes de partir, dirigia-se aos regimentos assegurando-os do resultado favorável dos presságios e exortando-os a combater com a maior bravura.

Ao fim das batalhas, os feridos eram submetidos a um tratamento especial e aqueles que haviam atingido de morte o inimigo deviam respeitar numerosas interdições e observâncias para não serem atingidos por uma terrível doença, o *izembe*: "o golpe fatal da azagaia devia atravessar o abdómen do inimigo, caso contrário o guerreiro ficaria louco; depois devia substituir pela da vítima, a pele, ibeshu, que lhe cobria o dorso e a azagaia mortal era transportada, não horizontalmente, mas com o ferro apontado para a terra".[43] Embora admirado e recebendo os melhores pedaços na partilha da carne, o guerreiro devia isolar-se completamente até que passasse por uma cerimônia especial de purificação.

Terminada a expedição, os guerreiros eram autorizados a repousar na sua povoação, aproveitando então para substituir os cabos das armas e as tiras, feitas com pele de um touro, com que ornamentavam o peito. Depois desse descanso,

---

43 *Ibidem*, p. 282-283.

os guerreiros retornavam à povoação do *inkosi* para relatar e discutir os pormenores da guerra e para honrar aqueles que haviam se destacado pela astúcia, bravura e resistência:

> tais louvores podiam ser orgulhosamente bradados pelo próprio guerreiro, mas, de preferência, eram entoados por seus companheiros, enquanto o herói se exibia, a sós, durante a guiya, a vigorosa dança em que simulava combater contra um inimigo imaginário.

A *guiya*, no entanto, obedecia a determinadas regras: quando todas as forças se reuniam, os guerreiros, os batalhões e os regimentos menos idosos e famosos não podiam dançá-la antes dos veteranos, sem se arriscarem a um duelo: "a violação desta norma de precedência equivalia a uma provocação, dirigida aos rivais."[44]

Após a derrota para Muzila, Mawewe refugiou-se na Suazilândia, mas manteve-se atento e disposto a retomar o poder em Gaza. De acordo com Pélissier, as incursões na direção do rio Limpopo dos regimentos que eram fiéis ao antigo soberano nguni e que agora contava com apoio suázi, duraram cerca de três anos. Com Muzila sediado numa região muito mais ao norte, próximo às nascentes do rio Buzi e fora do alcance do irmão, as terras da Coroa foram as que mais sofreram com os ataques, entre eles o de setembro de 1863 ao presídio de Lourenço Marques, que não conseguiu reunir esforços para rechaçá-los.[45]

44 Rita-Ferreira, *op. cit.*, p. 283-285.

45 Pélissier, *op. cit.*, p. 204.

Reino de Gaza

Arquivo Histórico Ultramarino/Sala de Leitura Geral/Caixa SEMU/Direção Geral do Ultramar/ Moçambique/1884/AHU-ACL-SEMU-DGU/Cx-6.

Convencidos de que "só a diplomacia poderia pôr um termo áquelle estado de anarchia", os portugueses enviaram uma embaixada com um importante *saguate* ao soberano Mswati da Suazilândia, pedindo-lhe que não mais auxiliasse as forças de Mawewe, casado com uma de suas filhas. O pedido foi bem recebido e, em seguida, foi enviado um mensageiro para assegurar sua boa disposição em retirar seu apoio aos ataques e que estimaria muito "que o Muzila lhe enviasse uma embaixada para resolver e applanar complicações que, de futuro, podessem levantar-se entre os dois paizes, em consequência da guerra." Com uma importante quantidade de marfim, a embaixada foi enviada a Mswati e "a guerra terminou para sempre".[46] Mawewe, que de acordo com Rita-Ferreira recebeu de Mswati os territórios de Netabenezimpisi e Nhlanguyavuka onde instalou-se definitivamente, morreu em 1872, deixando descendentes na região.[47]

Com as primeiras vitórias de Muzila, as autoridades portuguesas esperavam que os antigos impedimentos se desfizessem. Em carta ao Ministro e Secretario d'Estado dos Negócios da Marinha e Ultramar em Lisboa, o governador geral da província de Moçambique, João Tavares de Almeida, informava a 21 de janeiro de 1862 que, "se esta noticia se realizar como é provável (...) de novo se abrirão os caminhos, como aqui se costuma dizer, restabelecendo-se o transito, e o commercio dos Sertões"[48] Mas a vitória de Muzila, "auxiliado pelas forças dependentes do distrito", traria ainda maiores expectativas – a de um controle mais efetivo sobre o território do Reino de Gaza. Em 9 de abril de 1862, o governador afirmava em outra carta ao ministro que

> esse importante sucesso pode mudar completamente a face da Província, se prudente, e habilmente se souber, e podér tirar delle as immensas vantagens, que offerece para a subjeição completa de todo o sertão desde Lourenço Marques até ás margens do Zambeze – desafrontando dos landins, que em nome do Manicusse anteriormente, e ultimamente no do seu sucessor Mauéva, o avassalavam e vexavam com suas invasões, roubos e extorsões de toda a espécie.[49]

Para tanto, eram necessários soldados que guarnecessem os districtos e "armamentos e municções para (...) armar os indígenas em forças não regulares", de modo que

---

46 Neves, *op. cit.*, p. 343. Pélissier, *op. cit.*, p. 205-208. Rita-Ferreira, *op. cit.*, p. 307.

47 Rita-Ferreira, *op. cit.*, p. 307. Vilhena, no entanto, informa a data de 1879. Vilhena, *op. cit.*, p. 38.

48 Arquivo Histórico Ultramarino/Sala de Leitura Geral/Caixa SEMU/Direção Geral do Ultramar/Moçambique/1862/Pasta 28/AHU-ACL-SEMU-DGU/Nv.1310. O grifo aparece no documento original.

49 *loc. cit.*

fizessem a guerra e percorressem "os sertões para subjeitar os régulos – servindo de núcleo, e de reserva as forças de europeos, ou regulares, que poisão haver", ainda que num período marcado pela precariedade e pela escassez de recursos. Nesse sentido, e declarando que seu intuito era prevenir ao ministro do que estava ocorrendo, procurava

> mostrar mais evidentemente a necessidade urgente que tenho de tropas e meio pecuniários: os quaes sendo sempre necessários a esta Província o são muito mais nesta occasião – em que convém approveitar o ensejo que se nos offerece – de nos não limitar-mos como até hoje á posse nominal – deste pais – mas disso á real e effectiva, como convém aos nossos interesses – e dignidade.[50]

Nesse contexto, informava ainda que Muzila não apenas havia derrotado o irmão, mas se declarado súdito da Coroa portuguesa, prestando o "competente juramento":

> Por partecipações de Lourenço Marques do 1º de janeiro, e de Inhambane de 10 de Março soube-se que o feroz Mauéva, sucessor do Manicusse, fôra expulso do seu território por seu irmão Muzira, que o destronou - e se apossou dos seus domínios – auxiliado pelas forças dependentes do Districto de Lourenço Marques – tendo-se préviamente declarado subdito da Corôa de Sua Magestade, prestando o competente juramento.[51]

O juramento consistia na aprovação de Muzila às condições que as autoridades portuguesas colocaram em troca de ajuda quando esteve no presídio de Lourenço Marques em 1 de dezembro de 1861. Dessas condições resultou o seguinte documento, formalizado como Tratado de Vassalagem e enviado por João Tavares de Almeida do Palácio do Governo Geral da Província de Moçambique em 27 de maio de 1862 ao ministro de Estado dos Negócios da Marinha e Ultramar:

> Condições impostas pelo Governador do Districto de Lourenço Marques, o Tenente Coronel do Exercito de Portugal, Onofre Lourenço de Andrade,

---

50 *loc. cit.*

51 *loc. cit.*

ao regulo Muzilla para lhe ser dado o auxilio que exigio deste governo, representando aquelle por parte de sua Magestade Fidelíssima o Rei de Portugal, e este por si próprio e seus sucessores, as quaes foram aceitas pelo referido regulo Muzilla – sem constrangimento ou impugnação alguma, na presença das testemunhas que abaixo vão assignadas = Primeiro O regulo Muzilla - depois de ter prestado juramento segundo os seus uzos e costumes, ficará sendo regulo tributário e súbdito da Coroa Portugueza, com todos os seus subordinados, obedecendo restritamente a todas as ordens demanadas deste governo de Lourenço Marques = Segundo O dito regulo ordenará a todos os seus subordinados, o maior respeito e acatamento para com os Mulungos (Portuguezes), que tranzitarem pelas terras que elle Muzilla – dominar, e quando algum falte a este rigorozo dever – Muzila – o mandará immediatamente castigar, para exemplo dos outros; sendo o favor d'esta disposição extensivo para com os régulos das terras da Corôa, que forem as terras de Muzilla – em serviço publico, ou particular, quer mandados pelo governo, ou por algum habitante do paiz. = Terceiro O Commercio e cassadas de quaes quer animaes que sejão, serão livres, a todo e qualquer Portuguez, que vá, ou mande fazel-as nas terras do domínio do dito regulo – Muzilla – e este longe de lhe pôr empedimento algum, os protegerá em tudo o que estiver ao seu alcance = Quarto – O regulo – Muzilla consentirá de mui boa vontade todas e quaes quer fortificações que o governo português queira mandar construir nas suas terras, para Deffeza e socego das mesmas: e outro sem algumas culturas em escalla pequena ou grande, que o mesmo governo, ou qual quer particular Portuguez queirão faser ou mandar faser, em alguma d'aquellas terras que mais lhes convenha; e não só o dito – Muzilla – se não oporá a isso mas ate indicará os terrenos que forem mais produtivos, se isso lhe pedirem. = Quinta = A Bandeira Portugueza sera colocada na Povoação em que habitar o dito regulo – Muzilla – e este não fará guerra a povo algum, sem que primeiro informe este governo, do motivo que tem para a faser; salvo sendo para se deffender d'alguma agressão que algum lhe faça nas suas terras; devendo também neste cazo, e logo em seguida dar parte disso ao governador de Lourenço Marques = Sexta – As terras da Moamba – Cherinda – Manhica – e Injote – aquém do rio Jucomate ficarão de hoje em diante, sugeitas e tributarias a Coroa Portugueza, e ninguém mais terá direito algum a pedir tributos a estas terras = Sétima – Os milandos (cafrialmente falando) ou questões que possão haver entre brancos, ou Negros das terras da Corôa, com gente sobordinada a – Muzilla – serão decididas n'este Prezidio na presença do respectivo Governador, ou de pessôa que este encarregue d'isso = Oitavo O regulo – Muzilla – logo que tome posse das suas terras, fará remetter para o Presídio todos os negros escravos dos moradores do dito Prezidio, que ali se acharem fugidos; e assim o continuará a faser, todas as vezes que para as suas terras fuja, algum, ou alguns escravos do dito Presídio = Nona Fica finalmente entendido pelo regulo – Muzilla que o respeito e acatamento, imposto pelo Artigo Segundo é igualmente para os Molungos (Portugueses) de Inhambane = Sofalla = Bazaruto = Manica = Senna e Tete; porque todos estes são irmãos dos de Lourenço Marques = Décimo = O Governo Portuguez, obriga-se para com o regulo – Muzilla desde já e sempre que for precizo, ajudar com força armada ao regulo – Muzilla, e a seus sucessores para se defenderem de todas e quaes quer agressões que lhe forem feitas nas terras que occuparem; isto é cumprindo o mesmo regulo, ou os seus sucessores, religiosamente todos os encargos estabelecidos nos artigos precedentes = Décimo primeiro O mesmo governo Portuguez se obriga a mandar construir para o dito regulo – Muzilla – e seus sucessores uma caza d'alvenaria (como as deste Prezidio) na povoação onde elle habitar = Décimo Segundo – Obriga-se mais o mesmo governo Portuguez a mandar educar a sua custa nas escolas portuguezas, dois ou mais dos filhos do dito regulo – Muzila – que este queira que recebão essa educação. Quartel do Governo de Lourenço Marques dois de Desembro de mil oitocentos sessenta e um = Diocleciano Fernandes das Neves = Ignácio José de Paiva *ilegível* = José de Siqueira Campello Alferes encarregado do expediente = Onofre de Paiva d'Andrade.[52]

Mais do que negociadas, no entanto, as condições foram apresentadas como "impostas", sugerindo um Muzila particularmente sujeito às disposições do governador, em especial pela proximidade do termo "regulo" que, apesar da recor-

---

52 *loc. cit.*

rência como sinônimo de autoridade africana, tendiam a limitar sua amplitude a um poder fundamentalmente local e restrito, e pela observação de que haviam sido aceitas "sem constrangimento ou impugnação alguma" o que, "na presença das testemunhas que abaixo vão assignadas", garantia a legalidade do documento.

Seguindo o primeiro item, "ficará sendo regulo tributário e súbdito da Coroa Portugueza, com todos os seus subordinados, obedecendo restritamente a todas as ordens demanadas deste governo de Lourenço Marques", dissociava-se de Muzila o poder soberano no Reino de Gaza – pagar um tributo implicava no reconhecimento de que se era sujeito à vontade de outrem e, nesse contexto, soberano era aquele que recebia, e não o que devia tributos. E, por isso, ao convertê-lo em "régulo" tributário e súdito, Onofre Lourenço de Andrade, buscava não apenas reduzir o novo soberano à submissão e obediência como transformava a Coroa Portuguesa em autoridade suprema. Demarcado o domínio português, todo o sentido percorre e molda o restante do documento, onde Muzila é acondicionado como aquele que, sobretudo, deve: tributo, submissão e obediência, num processo validado por ele através de um juramento "segundo os seus uzos e costumes".

Nesse contexto, "respeito" e "acatamento" se transformavam em "rigoroso dever" – "o dito regulo ordenará a todos os seus subordinados, o maior respeito e acatamento para com os Mulungos (Portuguezes), que tranzitarem pelas terras que elle Muzilla – dominar", pois consagravam um sentimento de profunda reverência de um verdadeiro súdito capaz de convertê-lo em correia de transmissão punitiva da autoridade portuguesa – "quando algum falte a este rigorozo dever – Muzila – o mandará immediatamente castigar, para exemplo dos outros". Mas o segundo item comportava também duas outras questões centrais: primeiro, a preocupação, particularmente importante numa época em que muitos dos caminhos eram percorridos a pé, de se garantir um trânsito livre de embaraços, tais como os que haviam sido impostos por Mawewe, aos portugueses. E, segundo, a extensão do respeito e acatamento aos "régulos das terras da Corôa", mandados "em serviço publico, ou particular, quer mandados pelo governo, ou por algum habitante do paiz."

"Régulos das terras da Corôa" era a forma como os portugueses se referiam às autoridades africanas consideradas avassaladas, em geral de povoações muito próximas aos núcleos de ocupação portuguesa no litoral, como Lourenço Marques e Inhambane e que, em troca de proteção e da promessa de um tributo menor, ou

Reino de Gaza   89

mesmo isenção, em relação ao que pagavam ao soberano nguni do Reino de Gaza, se comprometiam, de acordo com Caldas Xavier,

> a dar todo o auxílio possível aos negociantes e outros individuos que percorram as suas terras, fornecendo-lhes água, lenha e abrigo, e ainda outros artigos necessarios á vida, quando não tenham meios para os comprar; prestar-nos auxilio gratuito de gente de guerra e carregadores; alimentar os cypaes, carregadores e auctoridades das terras, quando as percorram em serviço; conservarem os caminhos transitaveis; fazerem resolver em ultimo recurso, pelas nossas auctoridades, as suas questões (milandos); não exercerem a pena de morte sobre os seus subditos. Alem d'estes deveres, têem ainda outros, tendentes a suavisar os seus usos e costumes. (...) Nas terras de Inhambane não se acham estabelecidos os impostos. Apenas os regulos dão annualmente, quando dão, o chamado tributo de vassalagem. Este tributo, tornado voluntario por uma portaria do governo geral, tendente a evitar abusos, é tão irregular, que nos não atrevemos a apresentar uma média do seu rendimento anual.[53]

Para as autoridades portuguesas da época, esse era um processo importante, pois permitia criar no seu entorno um cinturão de povos que, a princípio e na condição de súditos, lhes servia de anteparo a possíveis ataques, muitas vezes dos próprios ngunis, e que alimentava a ideia de, progressivamente, garantir o domínio e a expansão para o interior. É esse o sentido do sexto item que ampliava para as terras da Moamba, Cherinda, Manhica e Injote, "aquém do rio Jucomate" (o mesmo que Incomati) a condição de "sugeitas e tributarias a Coroa Portuguesa".

Como haviam deixado, no entanto, de pagar os tributos a Manicusse e, posteriormente, a Mawewe – "ninguém mais terá direito algum a pedir tributos a estas terras" –, há referências na documentação da época de muitas dessas autoridades africanas que, chamadas ao encontro do soberano nguni ou a ele enviadas pelos portugueses, sofriam violências diversas. Daí a preocupação em

---

53 Alfredo Augusto Caldas Xavier, "Província de Moçambique. Distrito de Inhambane. O Inharrime e as guerras zavallas". In: *Boletim da Sociedade de Geografia de Lisboa*. Lisboa: Imprensa Nacional, 1881, 2ª série, nºs 7 e 8, p. 486-7.

estender o referido item aos grupos avassalados, pois muitas vezes esses conflitos eram capazes de gerar perturbações na relação entre os próprios portugueses e o Reino de Gaza.

Não eram apenas caminhos desimpedidos, no entanto, que o Tratado procurava assegurar – no item seguinte, o governador se referia ainda a "commercio e cassadas" livres a todo e qualquer português e ressaltava "de quaes quer animaes que sejão", como se procurasse, de certa forma, evitar no futuro os impedimentos que muitos portugueses, saídos em geral de Lourenço Marques, tendiam a enfrentar na caça ao marfim.

No Reino de Gaza, essa era uma atividade que dependia de uma concessão feita pelo soberano nguni, que decidia aqueles que poderiam exercê-la, determinava em quais áreas era permitida e cobrava dos caçadores autorizados uma parte do resultado da caçada como tributo, pois considerava que o marfim encontrado nas suas terras lhe pertencia e, em especial, porque, se tratando de uma importante moeda de troca no sul de Moçambique, controlar sua exploração era também uma forma de assegurar para si uma fonte de riqueza e consequente poder. Nesse sentido, e num contexto marcado pelo crescente interesse e por um número cada vez maior de caçadores de marfim, africanos e portugueses, essa restrição tornou-se sobretudo incomodativa e aguda diante das ameaças sucessivas de ataque por parte de Mawewe às expedições não autorizadas.

No quarto item, dois termos se destacam: fortificações e culturas. "O regulo - Muzilla consentirá de mui boa vontade todas e quaes quer fortificações que o governo português queira mandar construir nas suas terras, para Deffeza e socego das mesmas: e outro sem algumas culturas em escalla pequena ou grande, que o mesmo governo, ou qual quer particular Portuguez queirão faser ou mandar faser, em alguma d'aquellas terras que mais lhes convenha; e não só o dito - Muzilla - se não oporá a isso mas até indicará os terrenos que forem mais produtivos, se isso lhes pedirem". A primeira remete à ideia imediata da construção de um forte destinado, desde sempre, à defesa daquilo que encerra e de seu entorno – o próprio texto faz referência a essa função: "para Deffeza e socego das mesmas" –, mas que é capaz de comportar todo o conteúdo simbólico de marco em território ocupado e sob domínio. É por isso que a Muzila se reserva um consentir de "mui boa vontade", num sentido não apenas de não criar empecilhos e dificuldades à construção dos tais fortes, mas de submissão e obediência à vontade daquele que se impõe.

Reino de Gaza   91

A segunda, "cultura", remete a uma condição de permanência – desenvolve-se uma cultura, "pequena" ou "grande", onde se considera seguro e onde se possa empenhar, livre de perigos, recursos próprios ou do governo, como propõe o texto. Conjugadas, ambas as ideias sugerem traços, ainda que pouco definidos, de um interesse em garantir uma expansão progressiva da autoridade portuguesa empregando Muzila como instrumento fundamental nesse processo: seguido do "de mui boa vontade", ao referir-se à proposta de se estabelecerem culturas nessas terras, o governador destacava que "Muzila se não oporá a isso mas ate indicará os terrenos que forem mais produtivos, se isso lhes pedirem", tal como no terceiro item, em que selava a condição imposta com "longe de lhe pôr empedimento algum, os protegerá em tudo o que estiver ao seu alcance."

No item seguinte, o governador estabelecia que "a Bandeira Portugueza sera colocada na Povoação em que habitar o dito regulo...". Conjugado à construção de fortes nas terras de Muzila, a condição sugeria uma preocupação não apenas em assegurar o exercício da autoridade portuguesa nessas regiões, mas de criar marcas visuais capazes de representá-la e evocá-la, simbolizando a capacidade em dominar, controlar e reduzir à obediência um Muzila sob bandeira portuguesa, em sinal de submissão e comunhão de ideais e interesses. Num período marcado por constantes viagens de interiorização, não só de portugueses, mas, em especial, de ingleses, essa era uma marca importante de se manter, pois servia de aviso e, em alguns casos, de advertência de que aquelas eram terras portuguesas.

Não apenas do hastear a bandeira portuguesa, no entanto, tratava o item. A passagem seguinte enunciava que Muzila

> não fará guerra a povo algum, sem que primeiro informe este governo, do motivo que tem para a faser; salvo sendo para se deffender d'alguma agressão que algum lhe faça nas suas terras; devendo também neste cazo, e logo em seguida dar parte disso ao governador de Lourenço Marques.

Destacando-se as expressões "primeiro informe este governo" e "devendo também neste caso" é possível identificar, para além do conteúdo específico do item, que se tratava de estabelecer um domínio sobre Muzila, tirando-lhe o poder de livre decisão e impondo-lhe uma atitude constante de tudo informar e dever às autoridades portuguesas.

Como o trecho se inicia com a referência à proibição de guerras a quaisquer povos por parte de Muzila, o sentido de restrição do poder se reforça e intensifica, pois muitas dessas guerras eram enviadas aos que se recusavam a pagar-lhe tributos ou para submeter alguma autoridade local, como as organizadas por Manicusse e por Mawewe e que visavam as povoações próximas ao presídio do distrito de Lourenço Marques, pois muitos dos grupos que as compunham haviam fugido à esfera de domínio nguni para se abrigarem sob as armas do governo português aí sediado. Era uma forma não apenas de tentar retomar seu controle e de salvaguardar seus interesses, mas de revigorar e enfatizar o poder nguni como soberano e primaz naquelas regiões. Restringir essas guerras era, nesse sentido, uma forma de romper com essas constantes demonstrações de força e poder e substituí-las pela submissão e obediência.

No sétimo item, determinava-se que "os milandos (cafrialmente falando) ou questões que possão haver entre brancos, ou Negros das terras da Corôa, com gente sobordinada a - Muzilla - serão decididas n'este Prezidio na presença do respectivo Governador, ou de pessôa que este encarregue d'isso". Por "milandos", possivelmente um aportuguesamento de uma expressão local, designavam-se os desentendimentos e as desavenças e, nesse caso em especial, "entre brancos, ou Negros das terras da Corôa, com gente sobordinada a - Muzilla".

Ao criar um vínculo indissociável entre a presença "do respectivo Governador, ou de pessôa que este encarregue d'isso" e a resolução desses conflitos, retirava-se de Muzila uma de suas prerrogativas como soberano – a do exercício exclusivo de decidir entre partes nas áreas sob seu controle – para repassá-la aos representantes da autoridade portuguesa. Se soberano era aquele que reunia no Reino de Gaza as condições necessárias para deliberar e emitir o juízo final sobre qualquer questão, ao transferir ou partilhar esse poder de decisão com pessoas que não o representavam diretamente, repartia e enfraquecia a própria soberania, pois deixava de ser a referência única e inconteste de poder.

No trecho aparece ainda a expressão "cafrialmente falando" que estabelece uma distinção fundamental entre quem escrevia e sobre quem se falava, pois "cafre", de onde se origina o termo "cafrialmente", era usado pelos portugueses como sinônimo de africanos selvagens e ignorantes. Ainda que a observação "cafrialmente falando" tenha sido usada unicamente com o propósito de recorrer a uma expressão usual entre aqueles que viviam nesse período e nessa região, revela que

Reino de Gaza   93

a associação africano-selvagem estava posta, justificando, ideologicamente, todo o conteúdo do artigo.

No oitavo, o governador se referia aos "negros escravos" dos moradores do presídio de Lourenço Marques e exigia que Muzila, logo que tomasse posse das suas terras, devolvesse aqueles que encontrasse e que assim procedesse "todas as vezes que para as suas terras fuja, algum, ou alguns escravos do dito presídio". É possível que, dada a proximidade com os núcleos de ocupação portuguesa no litoral, muitos escravos fugissem e buscassem abrigo nas terras do Reino de Gaza – a abolição do comércio de escravos em Portugal e nas províncias ultramarinas só entrou em vigor em 1869, em decreto com data de 25 de fevereiro – e que, dada a frequência com que acontecia, o próprio governador tivesse que se moblizar e encontrar um modo que garantisse o retorno. Instar, no entanto, para que Muzila o fizesse sugere uma dificuldade das autoridades portuguesas não apenas em mantê-los cativos, mas de recuperá-los, por desconhecimento do interior ou porque eram impedidos por Manicusse e Mawewe de acessar essas áreas sob seus domínios. De toda forma, impor que Muzila devolvesse esses escravos fugidos era fazer com que reconhecesse a primazia da posse e do direito português nas suas terras.

Antes de passar as "compensações" no item décimo em diante, no entanto, o governador estendia o respeito e o acatamento, já invocados no segundo item, aos "Molungos (Portugueses) de Inhambane = Sofalla = Bazaruto = Manica = Senna e Tete; porque todos estes são irmãos dos de Lourenço Marques". A centralidade repousa na estima, na consideração e na obediência, mas na passagem é possível identificar ainda dois outros aspectos: a de que a presença portuguesa, ao menos até 1862, data em que o documento foi escrito, estava restrita a pontos específicos da província de Moçambique e de que o governador entendia como necessário sublinhar que todos eram "irmãos" de Lourenço Marques.

É possível que, ao incluir Inhambane, Sofala, Bazaruto, Manica, Sena e Tete, Onofre de Andrade buscasse apenas destacar os núcleos administrativos, garantindo que Muzila os reconhecesse como filiados à autoridade portuguesa e que, portanto, lhes devia a mesma consideração que devia ter para Lourenço Marques, onde o Tratado estava sendo firmado. Por outro lado, Manica não havia ainda sido criada como distrito (o que veio a ocorrer em 1884) e, por isso, nem possuía uma sede, se restringindo à antiga feira, abandonada por volta de 1832, em função da aproximação de zulus que migravam pela região. Da mesma forma, o governador se referia aos "molungos" como sinônimos de portugueses em geral, indício de que, realmente, se referia à localizada presença portuguesa. Nesse sentido, sublinhar que todos eram "irmãos" de Lourenço Marques assume outro significado – a de que esses eram pontos de ocupação portuguesa não apenas localizados, mas tão apartados entre si que a filiação deveria constar.

Em troca de todo respeito e acatamento preceituados ao longo do documento, o governador do distrito de Lourenço Marques, como representante da Coroa portuguesa, comprometia-se

> para com o regulo - Muzilla desde já e sempre que for precizo, ajudar com força armada ao regulo - Muzilla, e a seus sucessores para se defenderem de todas e quaes quer agressões que lhe forem feitas nas terras que occuparem; isto é cumprindo o mesmo regulo, ou os seus sucessores, religiosamente todos os encargos estabelecidos nos artigos precedentes.

Considerando, como sugere a passagem, os "artigos precedentes", pode se depreender que a ajuda "com força armada" não decorria apenas da solicitação feita em dezembro de 1861, mas do interesse em manter e sustentar no poder o instrumento eficaz de dominação portuguesa que projetavam em Muzila. Nesse sentido, era particularmente importante cercá-lo com os sinais dessa submissão: a construção de uma casa de alvenaria na povoação onde habitasse e nos moldes das do presídio de Lourenço Marques – uma marca visual que possibilitava reconhecer na uniformidade um vínculo indissociável com o governo português – e a educação de dois ou mais de seus filhos em escolas portuguesas à custa do governo português, de modo que ao sucedê-lo agissem de acordo com os novos "valores civilizatórios".

As condições do Tratado de Vassalagem, elaboradas por Onofre de Andrade, foram aprovadas pelo governador geral da província de Moçambique, João Tavares de Almeida, como informava o secretario geral interino, Francisco de Salles Machado, no dia 5 de maio de 1862:

> Sua Excellencia me ordena diga a Vossa Senhoria – Que approva e ratifica quanto em seus poderes cabe as mesmas condições, e auctoria a

Vossa Senhoria na qualidade de Governador do Districto – ao seu inteiro e completo cumprimento.[54]

Nos meses seguintes, com as notícias de que as forças de Muzila venciam Mawewe, a crença geral era a de que novos tempos se aproximavam, como sugeria o governador do distrito de Lourenço Marques em 13 de agosto de 1862 em carta ao secretario geral da província:

> cheio de maior prazer que é possível imaginar-se, prezo-me em ter a honra de partecipar a Vossa Senhoria para se dignar levar ao conhecimento de Sua Excelência o Governador Geral da Província, que as noticias que correm neste Districto, e julgo serem veridicas, porque são todos uniforme, e que ha dados exactos para se acreditar, é que, Musilla já esta novamente de posse das terras do grande potentado Manicusse, tendo batido completamente a gente do regulo Maueva. Os povos fanaticos deste regulo conta terem fugido para as grandes matas do Mambo e ali se achão escondidas. Se isto fôr verdade, como eu creio que sim porque gente do Moamba muita d'esta tem fugido para as terras da coroa denuminiada = Matola = por não quererem sugeitar-se ás inventualidades da guerra, a gente do Musilla, junto com a nossa, vai cercar toda aquella grande estenção de matas fazendo uma montaria como os Inglezes fizerão aos lobos em Inglaterra; e só assim os sertões ficarão limpas de bandos de salteadores e o socego e repeito ás nossas armas será mais permanente e douradoro.[55]

No trecho, é possível identificar que, para além de informar sobre os sucessos da guerra, Onofre de Andradre estabelecia uma forte associação entre a "gente do Musilla" e "a nossa", como se a vitória de um representasse também o sucesso do outro e como se ambos partilhassem dos mesmos interesses, levando-o a projetar uma ação conjunta que "limpasse" os sertões dos bandos de salteadores e restabele-

---

54 Arquivo Histórico Ultramarino/Sala de Leitura Geral/Caixa SEMU/Direção Geral do Ultramar/Moçambique/1862/Pasta 28/AHU-ACL-SEMU-DGU/Nv.1310.

55 Arquivo Histórico Ultramarino/Sala de Leitura Geral/Caixa SEMU/Direção Geral do Ultramar/Moçambique/1862/Pasta 29/AHU-ACL-SEMU-DGU/Nv.1311.

cesse o sossego. Mas, ao lado de um discurso no sentido de uma confluência entre as forças portuguesas e as de Muzila (o que, de fato, não deixava de se apresentar como verdadeiro, ao menos naquele momento específico, pois ambos procuravam afastar Mawewe do poder, ainda que por motivos distintos) se revelava uma satisfação ainda maior e subjacente ao texto: a de que Portugal era capaz de dominar aquelas terras, tal como os "Inglezes fizerão aos lobos em Inglaterra".

Não há notícias de que essa ação conjunta tenha se concretizado de fato, mas é possível que, confirmada a vitória de Muzila em agosto de 1862, renascessem as expectativas quanto às riquezas que poderiam advir desse domínio. Em carta ao ministro da Marinha e do Ultramar em 8 de novembro de 1862, João Tavares de Almeida, então governador geral, apresentava a província de Moçambique como particularmente fértil, numa associação muito próxima à crença de que na África residiam mananciais infinitos de riqueza, à espera dos portugueses:

> Os terrenos são mais férteis que as d'Angola por que as suas estações são mais regulares. Neste paiz observo eu que dá tudo como na Europa, o grão de bivo a fava, o feijão, o trigo a ervilha, e finalmente tudo produz maravilhosamente a oliveira a nogueira a amendoeira n'uma palavra toda a qualidade, d'arvore de fruto dá perfeitamente.[56]

Dessa forma, a morte de Manicusse desencadeou não apenas uma disputa entre dois de seus filhos que se consideravam herdeiros legítimos, mas um processo no qual a aproximação de Muzila e o seu pedido formal de ajuda em dezembro de 1861 era interpretada pelas autoridades portuguesas como um ensejo que garantiria um controle mais efetivo sobre as terras do Reino de Gaza. Em meio à instabilidade e as incertezas geradas pela guerra sucessória, vinham à tona o descontentamento quanto aos impedimentos que eram estabelecidos por Manicusse e por Mawewe no acesso aos seus domínios ao mesmo tempo em que Muzila era elevado à condição de "regulo tributario e subdito da Coroa Portugueza". Nesse contexto, o Tratado de Vassalagem procurava dar forma a esses anseios, formalizando-os em documento que consideravam legal e legítimo – pois havia sido aceito por ele segundo seus "uzos e costumes" –, à espera que, com a vitória de Muzila, fosse posto em

---

56 *loc. cit.*

Reino de Gaza   97

prática, mudando completamente a face da Província e conduzindo a uma posse "real e effectiva, como convém aos nossos interesses – e dignidade".[57]

Resta, no entanto, saber se essas expectativas se confirmaram e se o Tratado de Vassalagem conduziu de fato a alterações profundas na relação com as terras do Reino de Gaza, através de alguns documentos em particular: um ofício de setembro 1862 do governador interino do distrito de Sofala ao governador geral, "á cerca do seu procedimento em relação a seus enviados mandados pelo Musira, que se achava segundo notícias anteriores a alguns dias de marcha daquella Villa no sertão"[58]; um texto de 1881 escrito por Alfredo Augusto Caldas Xavier, "O Inharrime e as guerras zavallas"; uma comunicação à comissão africana da Sociedade de Geografia de Lisboa feita por Paiva de Andrade a 18 de fevereiro de 1882 e um relatório apresentado por Antonio Maria Cardoso, chefe da "Expedição ás terras do Muzilla" ao governador geral em maio de 1883. À parte suas características específicas, cada uma dessas fontes permite acompanhar em perspectiva o desenvolvimento dessa relação, pois se atêm a momentos fundamentalmente distintos: a dos primeiros momentos de Muzila como sucessor de Manicusse em 1862, face à derrota de Mawewe, e a dos últimos anos em que esteve no poder.

Nesse sentido, em 3 de setembro de 1862, Jozé Pacifico, governador interino do distrito de Lourenco Marques, informava ao governador geral, João Tavares de Almeida, sobre

> propostas do Regulo Musira, presentes por elle mandados, desejo de nossa amizade e de estabelecer a sua séde nas proximidades das nossas terras pedindo armas munições, fazendas (...) A minha chegada achava-se na villa huma embaixada mandada pelo mesmo Musira, e de que vinha encarregado o Secretario Mabougamissa e que reiterou os mesmos pedidos. O Alferes encarregado do Governo hesitou em lhe fornecer o que havia pedido, eu tãobem me possei desta hesitação; demorei pois a resposta, e pensando a tal respeito resolvi lhe fosse mandado o que pedia bazeando-me nas seguintes

---

57 Arquivo Histórico Ultramarino/Sala de Leitura Geral/Caixa SEMU/Direção Geral do Ultramar/ Moçambique/1862/Pasta 28/AHU-ACL-SEMU-DGU/NV.1310.

58 Arquivo Histórico Ultramarino/Sala de Leitura Geral/Caixa SEMU/Direção Geral do Ultramar/ Moçambique/1862/ Pasta 29/AHU-ACL-SEMU-DGU/NV.1311.

razões. Se o Governo deste Districto lhe não satisfizesse ao que havia pedido, seria o resultado não consentir o negocio no sertão que continuaria paralizado como até aqui; invadir as nossas terras, que até agora tem respeitado, collocar-nos em sitio, e hir haver d'outros pontos, o que aqui pedia; por que como dispoê de marfim todos lhe fornecem o que deseja. (...) Ora feito o fornecimento por este Districto he natural que por dependência, ou gratidão (ainda que a gratidão não hé o sentimento dominante dos negros) o Musira se ligue a nós, nos deixe em paz, e o comercio do sertão se faça sem receio de roubos e violências. (...) Satisfazendo ao pedido d'aquelle Potentado julguei-me com direito d'exigir taobem alguma couza por isso lhe fiz as propostas que constão das instrucções que dei ao mencionado Alferes (cópia junta) Se o resultado corresponder á minha espectativa, elle será hum grande beneficio para o Districto, gloria para a Nação Portugueza, para sua Excelência e para mim por se haverem readquirido as nossas terras d'há tanto invadidas...[59]

No texto, a questão central é suscitada pelo pedido de armas, munições e fazendas por parte de uma embaixada enviada por Muzila ao governador do distrito que, diante da solicitação, hesita num primeiro momento, mas cede em seguida. Os argumentos com que demonstrava os motivos que o haviam levado à mudança de postura, ao mesmo tempo em que procurava justificá-la, reconstituíam todos os seus receios do que a recusa provocaria: a do novo sucessor não

consentir o negocio no sertão que continuaria paralizado como até aqui; invadir as nossas terras, que até agora tem respeitado, collocar-nos em sitio, e hir haver d'outros pontos, o que aqui pedia; por que como dispoê de marfim todos lhe fornecem o que deseja.

Ora, firmado há poucos meses antes, em maio desse mesmo ano, o Tratado de Vassalagem garantia que, a princípio, todos esses temores se desfizessem, pois envolvia o compromisso de que os caminhos se tornariam desimpedidos, que as terras da Coroa Portuguesa não seriam mais invadidas, que Muzila trataria com respeito e acatamento

---

59 *loc. cit.*

todos os portugueses e que o sentimento de dependência e gratidão, que o governador do distrito procurava assegurar, já haviam sido afiançado pelo documento.

Por um lado, é possível que, dada a dificuldade característica no período de comunicação entre as próprias autoridades na província de Moçambique, Jozé Pacífico não houvesse ainda sido informado sobre a assinatura do Tratado de Vassalagem, nem chegado na sede do distrito do governo de Sofala uma cópia desse documento, o que de certa forma justificariam as questões que levantava. Por outro, as instruções dadas ao alferes Filipe da Costa Corrêa, encarregado de tratar diretamente com Muzila, se aproximam consideravelmente dos itens que compunham o Tratado:

> Logo que Vossa Senhoria chegue ao ponto em que se acha acampado o Regulo Muzira, e depois de feitos os comprimentos do costume, lhe entregará os prezentes que lhe são enviados. = Em seguida tratará Vossa Senhoria de reclamar do referido Regulo a entrega das terras da Corôa, que actualmente se achão envadidas, tanto das que estão próximas da Villa, como Mambone, e outras mais distantes, sobre que a Nação Portugueza tem direito de propriedade, fazendo conhecer ao mesmo Muzira, que depois d'entregues estas terras ficarão ellas isentas de lhe pagar tributo = Exigir-lhe ha Vossa Senhoria igualmente a entrega de todos os escravos fugidos dos moradores deste Districto = Assegurará Vossa Senhoria ao mencionado Regulo uma constante e firme amizade da nossa parte, que sendo correspondida poderá, sem o mais leve receio, mandar a esta Villa os seus emissários comprar todos os objetos de que carecer, e que hajão na mesma, não devendo estes emissários ser accmpanhados de mais de vinte pissoas para que que os habitantes deste Districto possão tranzitar e commerciar livremente no sertão sem serem inquietados, ou roubados, e quando aconteça (inesperadamente) qualquer incomodo ou roubo responsabilizar-se o sobredito Muzira de fazer indemnizar do encomodo, e de mandar restituir objecto ou objectos roubados. = Nesta negociação se haverá Vossa Senhoria com toda a prudência, etacto devendo fazer-lhe sentir que o Governo do Districto ficará certo de ter a sincera amizade se elle annuir ao que lhe propõe.[60]

---

60 *loc. cit.*

Nesse sentido, ou os problemas que afetavam o distrito de Lourenço Marques se repetiam em Sofala e, por isso, Jozé Pacífico procedia a apelos semelhantes, ou de fato, e apesar de assinado, o Tratado não conduziu de imediato ao cumprimento e concretização de todos os itens que continha, pois, de outra forma, o governador interino não se preocuparia em obter ainda e com tanta prudência e tato recomendados ao alferes, "a entrega das terras da Corôa, que actualmente se achão envadidas, tanto das que estão próximas da Villa, como Mambone, e outras mais distantes, sobre que a Nação Portugueza tem direito de propriedade", a isenção de tributos nessas terras e "a entrega de todos os escravos fugidos dos moradores deste Districto" para glória "da Nação Portugueza".

De acordo com o historiador português Valentim Alexandre, a década de 1860, em que foi assinado o Tratado de Vassalagem, representou o início de uma viragem na política colonialista de consolidação da soberania portuguesa na África que Sá da Bandeira vinha conduzindo como ministro da Secretaria d'Estado da Marinha e do Ultramar entre 1856 e 1859 e que incluía temas manifestos nas suas primeiras experiências ministeriais na década de 1830, como a necessidade de expansão.[61] Essa orientação se manifestava em documento do Conselho Ultramarino com data de 25 de junho de 1864 onde observava que a aquisição de territórios não deveria ser o "principal empenho" das autoridades portuguesas em África, cabendo-lhes antes desenvolver os já sujeitos e "conservar as melhores relações de amizade com os régulos independentes dos territórios confinantes",[62] em sentido muito próximo ao que procurava garantir o governador do distrito de Sofala.

A viragem, no entanto, estava relacionada a um debate mais amplo que discutia a utilidade e a própria viabilidade do império e que envolvia uma crescente inquietação em relação ao futuro colonial do país, face "às dificuldades em desenvolver e rendibilizar os territórios do ultramar, aos problemas diplomáticos que deles nasciam e às notícias de desastres militares que por vezes daí provinham." Nesse contexto, as vozes céticas, presentes anteriormente, mas isoladas, ganhavam peso e expressão, muitas vezes associadas a preocupações de índole humanista:

---

61 Valentim Alexandre e Jill Dias, *Nova História da Expansão Portuguesa: o Império Africano (1825-1890)*. Lisboa: Editorial Estampa, 1998, p. 65.

62 *Ibidem*, p. 85.

é o que acontece numa série de artigos de fundo do Jornal do Comércio de fevereiro de 1861, nos quais uma visão desencantada, muito crítica, das práticas coloniais portuguesas serve de base à recusa da via imperial, tida como inelutavelmente ligada à escravidão e ao terror.[63]

Só raramente, no entanto, essa preocupação conduzia a uma recusa da opção colonial: em geral, reclamava-se não o abandono do império, mas a sua reorganização pela venda de parte dos territórios ultramarinos, que permitiria concentrar esforços e meios nas possessões mais promissoras do ponto de vista econômico. Mas, ainda que fortemente representada na imprensa, essa corrente favorável à recomposição geográfica do império não chegou a se impor no plano político, inexistindo qualquer indício de que a venda de parte do império fosse nesta época seriamente considerada na esfera governamental: "de toda a evidência, não era fácil ultrapassar a barreira dos mitos da herança sagrada e do Eldorado, apesar de tudo ainda dominantes".[64]

A resposta essa crise e à descrença veio com a reforma administrativa de Rebelo da Silva, promulgada com força de lei em 1º de dezembro de 1869, que pressupunha um princípio descentralizador, conferindo maiores poderes aos governadores coloniais e restringindo as responsabilidades do governo de Lisboa para com as colônias no campo da economia, fazendo com que passassem a contar apenas com seus próprios recursos e a dispensar os subsídios da metrópole. Pretendia-se, dessa forma, satisfazer aqueles que viam no império um encargo insustentável para o Estado português.

Nesse mesmo contexto, e no ano seguinte, Rebelo apresentou um relatório às Cortes no qual, mais que uma simples exposição de fatos relevantes do seu ministério, tomava antes a feição de um longo inventário dos "valiosos elementos de riqueza e de prosperidade" de cada uma das possessões, salientando sua importância enquanto "memórias gloriosas de conquista e de colonização", e constituindo, assim, "a reafirmação pública dos mitos do Eldorado e de herança sagrada, face às

---

63 Valentim Alexandre, "Nação e Império". In: Francisco Bethencourt; Kirti Chaudhuri, *História da expansão portuguesa*. Navarra: Círculo de Leitores, 1998, p. 113.

64 *Ibidem*, p. 104.

dúvidas dos tempos mais recentes."[65] Assim, passada a crise de finais da década de sessenta, a polêmica sobre os destinos do império atenuava-se com as vozes mais céticas perdendo espaço nos anos seguintes, em meio ao coro daqueles que viam no ultramar um campo privilegiado de afirmação da nação portuguesa.

Segundo Valentim Alexandre, os primeiros indícios desta mudança de conjuntura eram perceptíveis já em 1869, quando, após a chegada de notícias da descoberta de "importantíssimos jazigos auríferos e de pedra preciosa" na África Austral, se passou a chamar a atenção na imprensa para a "extensíssima, tão riquíssima e fertilíssima província de Moçambique (Jornal do Comércio, 1-4-1869, 9-4-1869 e 13-10-1869)", de súbito transformada em novo Eldorado, prenhe de promessas.[66] Essa tendência se acentuou diante das informações que vinham de Angola, atestando o crescente desenvolvimento comercial da colônia associado ao ciclo da borracha, e de Moçambique, que se beneficiava da abertura do canal de Suez em 1869 e da relação, a princípio, com a região de Natal e, posteriormente, com o Transvaal que, respectivamente, com suas plantações de cana-de-açúcar e campos de ouro atraíam mão-de-obra e suscitavam a emigração no Reino de Gaza.[67]

O novo clima que cercava a questão colonial não resultava, no entanto, apenas da melhoria da situação econômica e financeira das possessões ultramarinas, mas de alterações na metrópole, que transitava da crise de finais da década de 1860 para

---

65 Alexandre e Dias, *op. cit.*, p. 93.

66 *Ibidem*, p. 93.

67 Sobre o assunto, diz Valentim Alexandre que, "no âmbito oficial, o assunto só ganha relevo no começo dos anos setenta, após a ida de Erskine como agente do Natal ao reino governado então por Muzila (que se oferecera para fornecer trabalhadores contratados). A atitude das autoridades coloniais portuguesas foi a princípio contraditória: consentida pelo governador de Lourenço Marques, que permitia – e taxava – a saída de africanos por mar, a emigração era todavia proibida pelo governador-geral, que instava por uma resolução de Lisboa. A legalização fez-se quase dois anos depois, através da portaria régia de 3 de fevereiro de 1875, regulada localmente por uma outra portaria, de 2 de agosto, que mandava formar em Lourenço Marques um depósito em que os emigrantes seriam recebidos, sob fiscalização das autoridades portuguesas, sendo depois embarcados nos paquetes mediante a emissão de um passaporte, obrigando-se os agentes do Natal, cuja atividade passava a ser consentida, a promover o seu regresso gratuito findo o tempo do contrato. Cerca de 150 africanos faziam mensalmente esta emigração sob controle, fortemente taxada; mas muitos outros iam por terra, à revelia das autoridades, por ação dos engajadores." Alexandre, *op. cit.*, p. 174.

um período de vigor econômico, marcado, sobretudo, pelo aumento no fluxo de capitais, derivado da transferência de fundos brasileiros e sensível a partir de 1872. Embora se mantivesse a tradicional relutância em investir no Ultramar, tido por zona de alto risco,

> abriam-se perspectivas para a aplicação de uma pequena parte desses capitais em empresas coloniais. Mas o essencial estava em que o desafogo financeiro parecia quebrar o dilema que a posse de um império disperso pelo mundo punha a um Estado sem recursos: aparentemente, tornava-se agora possível investir nas colônias sem comprometer o desenvolvimento do Reino.[68]

Associados ao crescente interesse das potências europeias pela África, com reflexos em Portugal, esses fatores explicam, de acordo com o autor, o novo impulso no projeto colonial, ainda que ideologicamente filiado aos velhos mitos da Herança Sagrada e do Eldorado: de novo as "possessões fertilíssimas, de produções opulentas e variadas" passavam a "fonte de prosperidade para a mãe-pátria e objeto de legítimo e verdadeiro orgulho nacional", como escrevia o jornal *Diário de Notícias* em 10 de abril e em 25 de outubro de 1874.[69]

Um impulso que envolvia não apenas um simples retorno a antigos temas ideológicos, mas a crença de que as colônias deveriam ser abertas ao movimento geral da civilização europeia e aos processos de exploração modernizados, em contraste com a ideologia até então dominante, de cariz isolacionista, defensora da escravatura e do tráfico de escravos contra todas as pressões externas. Essa política de abertura teve como figura máxima Andrade Corvo que, na dupla condição de ministro da Marinha e Ultramar (1872-1877) e Negócios Estrangeiros (1871-1879), dava expressão a essa perspectiva reformista do império.

Nesse contexto, a abertura à civilização e ao progresso se daria por diversas vias, entre elas a liberalização mercantil, pela supressão de monopólios, exclusivos e privilégios que afastavam a concorrência, e o desenvolvimento dos meios de transporte que permitiriam a exploração das riquezas coloniais:

---

68 Alexandre e Dias, *op. cit.*, p. 96.

69 Alexandre e Dias, *loc. cit.*

pela primeira vez se fez um esforço sério no domínio das obras públicas no ultramar, promovendo "expedições" que iniciaram as suas atividades em 1877 em Angola e Moçambique.[70]

Alfredo Augusto Caldas Xavier, autor de "O Inharrime e as guerras zavallas", participou de uma dessas expedições, como se referia na introdução do seu texto, escrito em 1881:

> em 11 de janeiro de 1877, saía da barra de Lisboa, levando a seu bordo para a nossa rica possessão de Moçambique a primeira expedição de obras publicas do ultramar, mandada organisar pela iniciativa do então ministro da marinha, e excellentissimo senhor conselheiro João de Andrade Corvo, e confiada à intelligencia esclarecida e incansavel actividade do digno major de engenharia, o sr. Joaquim José Machado. D'esta expedição tive eu a honra de fazer parte como conductor de primeira classe da secção de Lourenço Marques.[71]

Apesar da função primeira para a qual havia sido designado, ao chegar em Moçambique, Caldas Xavier foi nomeado chefe de uma recém criada subsecção no distrito de Inhambane. Em 1879 retornou para a secção de Lourenço Marques, seguindo para Lisboa pouco tempo depois, em fevereiro de 1881. Ao partir, entretanto, soube por Antonio Joaquim de Sousa Raposo, "digno pharmaceutico do quadro de Moçambique", que Augusto Cesar Rodrigues Sarmento, então governador geral da provincia, havia publicado e fazia circular um folheto em que informava sobre "a chegada do novo pessoal das obras publicas para mandar inspeccionar a obra de um quartel fortificado, que eu andava construindo nas margens do lago Inharrime, quando me obrigaram a marchar para a séde da minha secção."[72] Tomando por ofensa tal desconfiança publicamente anunciada, Caldas Xavier decidiu escrever uma memória com relação ao assunto, fazendo-a "acompanhar de um pequeno

---

70 Alexandre e Dias, *op. cit.*, p. 104.

71 Caldas Xavier, *op. cit.*, p. 479.

72 *Ibidem*, p. 480.

reconhecimento do paiz", sem que "a nenhuns apontamentos pudesse recorrer, por só ter tido conhecimento d'aquelle facto quando já estava fóra da província."[73]

Como decorrência da própria experiência profissional, o texto se voltava para a descrição de Inhambane e Lourenço Marques, atrelada a recorrentes comparações, como a dos grupos etnoculturais que habitavam esses distritos:

> a principal differença que existe, entre o districto de Lourenço Marques e o de Inhambane, é ser este composto de diversas raças e aquelle de uma só, mais independente e guerreira, e menos agricultora e industriosa que as de Inhambane. N'este districto a differença de raças é um elemento de ordem, que falta em Lourenço Marques, onde uma boa politica não terá effeito completo, se deixar de ser auxiliada pela força das armas.[74]

Apesar da distinção estabelecida, Caldas Xavier não nomeou os grupos a que se referia, mas, segundo os trabalhos de Antonio Rita-Ferreira, o distrito de Lourenço Marques era ocupado por um número expressivo de ngunis, enquanto em Inhambane viviam tsongas, bitongas e chopes, muitas vezes em povoações próximas à vila e avassaladas pela Coroa.[75] Deste modo, longe de apresentar uma simples caracterização desses grupos, o autor estabelecia uma clivagem fundamental que opunha civilização e selvageria. Como as autoridades portuguesas mantinham um contato mais próximo com populações que consideravam avassaladas, tendiam a apresentá-las ressaltando aspectos favoráveis, como "agricultora e industriosa", pois a vassalagem aceita era interpretada como um sinal de que haviam começado a acolher os valores civilizatórios. Por outro lado, aos ngunis, em sua recusa à obediência e submissão, atribuía-se uma particular disposição "independente e guerreira", prenúncio de que apenas "uma boa politica não terá effeito completo, se deixar de ser auxiliada pela força das armas", pois conservavam ainda aspectos que remetiam à selvageria. Isso não significa, no entanto, que todas as povoações de tsongas, bitongas e chopes tenham se tornado "terras da Coroa" ou que se subme-

---

73 Caldas Xavier, *loc. cit.*

74 Caldas Xavier, *op. cit.*, p. 481.

tessem mais facilmente aos portugueses, mas apenas a forma como as diferenças eram entendidas na época.

Ao longo de todo o texto, Caldas Xavier segue destacando o temor generalizado que os ngunis provocavam nas populações em geral, acentuando a constante ameaça de saque que costumavam infligir nos ataques que empreendiam.[76] Mas ainda aqui é preciso cuidado: muitas povoações sofriam de fato violências múltiplas resultantes dessas investidas, mas as autoridades portuguesas tendiam a exacerbá-las enquanto apresentavam a si mesmas como sinônimas de amparo e proteção contra as ações dos ngunis. Progressivamente, construía-se um discurso que insistia no necessário desmantelamento do Reino de Gaza para que um poder mais "justo" e "humano" o substituísse.

Em relação ao Tratado de Vassalagem, a ausência completa de referências que remetessem à sua existência ou de quaisquer documentos que regulassem a relação entre autoridades portuguesas e Muzila, conjugada à caracterização dos ngunis como independentes, guerreiros e motivo de temor entre a população local, sugere que, longe de um domínio português efetivo, o sucessor de Manicusse se manteve soberano nas terras do Reino de Gaza. Nesse sentido, a lacuna, mais do que a menção, em texto escrito por funcionário público de Inhambane e Lourenço Marques, sugere que esse era um documento que pouco influía no modo de viver no sul da província de Moçambique, tal como sugeria Paiva de Andrada, em comunicação à comissão africana da Sociedade de Geografia de Lisboa em 18 de fevereiro de 1882 sobre sua última viagem ao vale do Zambeze e "paizes circumvizinhos".

Capitão de artilharia a quem o governo português concedeu em 1878 a exploração de vastas regiões na Zambézia[77] e que, por ocasião dessa concessão, formou

---

76 Caldas Xavier, *op. cit.*, p. 515.

77 "Attendendo á necessidade urgente de aproveitar, em beneficio da provincia de Moçambique, os differentes elementos de riqueza publica por explorar na vasta região da Zambezia; Considerando a impossibilidade actual para o governo da dita provincia de emprehender a exploração das minas já conhecidas n'aquelle região e a pesquiza de outras cuja existencia é notoria; (...) Hei por bem decretar o seguinte: Artigo 1°. Nos termos das leis e decretos com força de lei de 4 de dezembro de 1861, 7 de abril de 1863, 10 de outubro de 1865 e 4 de dezembro de 1869, são feitas a Joaquim Carlos Paiva de Andrada, e ás companhias que elle organisar, as seguintes concessões: I. A posse das minas de oiro conhecidas e não exploradas, pertencentes ao estado, situadas nos terrenos portuguezes comprehendidos na area fechada pelas semicircunferencias mais afastadas de dois circulos, tendo como centros a villa de Tete e o forte do Zumbo,

em 1879 a "Société des Fondateurs de la Compagnie Générale du Zambeze",[78] com o apoio do *Haute Banque* de Paris, o autor destacava uma série de circunstâncias do mais elevado interesse, "que vão passando despercebidas, e que podem de um momento para o outro occasionar a perda irremediavel da que devemos considerar a mais interessante parte da provincia de Moçambique".[79] Entre elas, os ataques sucessivos aos prazos da margem direita do Zambeze e à própria vila de Sena por

> gente do Musila, que por vezes tem assassinado povoações inteiras, que fazem repetidas excursões com o fim de se apoderarem das mulheres e bens dos colonos e que impozeram contribuições, dentro mesmo, e junto ao forte da villa de Sena, cujos habitantes geralmente negociantes, exerciam pressão moral sobre o commandante militar, para que elle lhes deixasse pagar aos landins as fazendas pedidas, a fim de evitar guerras, que completamente os arruinariam.[80]

e como raio a extensão de 36 leguas, e pelas duas linhas parallelas tangentes aos mesmos circulos. II. O privilegio exclusivo por vinte annos de exploração, com machinas aperfeiçoadas, de qualquer outra mina de oiro na referida area. § unico. De todo o oiro obtido pelas concessões I e II, os concessionarios darão ao estado 5 por cento, alem do imposto estabelecido no artigo 38° do decreto de 4 de dezembro de 1869. (...) Paço, em 26 de dezembro de 1878. = REI. = Thomás Antonio Ribeiro Ferreira." Arquivo Histórico Ultramarino/Companhia de Moçambique/Sala 5/Estante V/Prateleira 8/N° 901.

78 "Sua Magestade El-Rei, tomando em consideração o que lhe foi representado por Joaquim Carlos Paiva de Andrada, a quem, por decreto de 26 de dezembro de 1878, foram outorgadas differentes concessões na provincia de Moçambique: ha por bem mandar, pela secretaria d'estado dos negocios da marinha e ultramar, declarar ao dito concessionario: 1° Que, nos termos da carta de lei de 22 de junho de 1867, reconhece a existencia legal da 'Sociedade dos fundadores da companhia geral da Zambezia', constituída em Paris, no dia 23 de julho de 1879, para o fim de explorar as referidas concessões; 2° Que auctorisa a mesma sociedade a proceder desde já aos reconhecimentos, estudos e ensaios, que julgar precisos, dentro da area designada a cada uma as indicadas concessões; (...) Paço, em 26 de julho de 1880.= Visconde de S. Januario." Arquivo Histórico Ultramarino/Companhia de Moçambique/Sala 5/ Estante V/Prateleira 8/N° 901.

79 Paiva de Andrada, "A Manica e o Musila". In: *Boletim da Sociedade de Geografia de Lisboa*. Lisboa: Imprensa Nacional, 1882, n° 1, p. 61.

80 *Idem, loc. cit.* A vila de Sena era então sede do comando militar do distrito de Quelimane.

108 Gabriela Aparecida dos Santos

De acordo com o autor, no entanto, há alguns anos a vila de Sena e os prazos que lhe eram vizinhos haviam deixado de ser alvo desses "vexames", mas

> os prazos mais a jusante desde a Chupanga até ao mar, continuam a elles sujeitos, tornando-se por este motivo impossivel todo o desenvolvimento d'esta rica porção do paiz, que os colonos abandonaram, passando para as ilhas do delta do Zambeze e para a margem esquerda do rio. No P. Chupanga, junto á margem do rio, em frente quasi da nascente villa de Mopéa e dos campos da Companhia do Opio, no ponto do Zambeze, onde a passagem de europeus é mais frequente, está em permanencia como que um pequeno destacamento de landins, que impede o arrendatario do prazo de tirar d'elle qualquer proveito, e que impõe o pagamento de algumas peças de fazenda a quem vae buscar, para fazer cal, a unica pedra calcarea que se encontra proxima do delta do Zambeze. É provável que nos orçamentos dos trabalhos, feitos pelas obras publicas, se encontrem verbas para o pagamento do imposto aos landins, no ponto mais central do que chamâmos provincia de Moçambique![81]

Filho de Manicusse, "de nefasta memoria na historia dos nossos districtos aos S. do Zambeze", Muzila, só teria sucedido ao irmão "vencendo-o em guerras em que foi auxiliado pelo governo de Lourenço Marques, e depois de ter assignado no proprio presidio de Lourenço Marques, em 23 de novembro de 1863, um termo de preito e vassalagem ao rei de Portugal". As relações de Muzila com os distritos de Lourenço Marques e Inhambane tinham sido, no entanto, sempre regulares até a mudança de sua capital, quando então passou à ocupação do distrito de Sofala,

> hoje muito importante, porque os habitantes do paiz ficaram n'elle, e a reconheceram, e quem teve de sair foi o governador do districto, que para evitar vexames, que o governo da metrople nunca pensou repellir, abandonou a capital do districto e a guarda da gloriosa torre de Pedro da Anhaya, para ir viver, desde ha muitos annos, na quasi fronteira ilha de Chiloane. A occupação ou as excursões dos landins nos prazos da Zambezia, não têem verdadeira

---

81 Idem, loc. cit.

importancia, e se houvesse a attender só a estes prazos, o remedio seria extremamente facil, porque um ou dois pequenos fortes em pontos escolhidos, impediria a passagem dos landins ao norte d'elles.[82]

Apresentadas "as circumstancias, porém, mais graves em que se acha todo o districto de Sofala", Paiva de Andrada propunha o envio de uma comissão que fosse tratar diretamente com Muzila, "que de facto pouco ou nenhum interesse tira da occupação dos prazos de Sofala, e das excursões que impedem a colonisação nos prazos da Zambezia, e em nome de quem, e talvez sem que elle o saiba, todas as exacções são feitas". Justificando sua proposta, afirmava ainda que

> Musilla é um bom preto; muitos portuguezes têem sobre elle consideravel influencia, elle deve recordar-se de que prestou vassalagem ao rei de Portugal, e de certo receberia com toda a consideração um emissario portuguez, que provavelmente encontraria facilidade em resolver, para nossa conveniencia e a bem do desenvolvimento da civilisação, as questões relativas aos prazos da Zambezia e de Sofala, e ao seguro estabelecimento das communicações da costa de Sofala com o interior, e á nomeação de um residente portuguez junto a este regulo. Um titulo ou um posto que lhe fosse conferido pelo governo de Sua Magestade, e uma pensão inherente a este titulo, aplanariam qualquer dificuldade.[83]

Ao longo da comunicação, a "gente do Musila" se apoderava das mulheres e dos bens dos colonos nos prazos da margem direita do rio Zambeze; impunha contribuições "dentro mesmo, e junto" do forte da vila de Sena, cujos habitantes, em geral negociantes, instavam com o comandante militar para que os deixasse pagar as fazendas pedidas e evitar guerras; formava um pequeno destacamento que dificultava o acesso dos arrendatários dos prazos à região da margem do rio Zambeze e impunha o pagamento de peças de fazendas a quem ia buscar, para fazer cal, "a unica pedra calcarea que se encontra proxima do delta do Zambeze". Por todo o exposto, era a presença da "gente de Musila" que se fazia sentir em

---

82 *Idem, op. cit.*, p. 63.

83 *Idem, loc. cit.*

territórios formalmente reconhecidos como domínio português ou, mais precisamente, no vale do rio Zambeze, uma das áreas de mais antiga ocupação portuguesa na província de Moçambique.

Ainda sobre a força dessa presença, Paiva de Andrada destacava a ocupação do distrito de Sofala, reconhecida pelos habitantes, e da qual havia resultado a saída do governador do distrito que, "para evitar vexames, que o governo da metropole nunca pensou repellir, abandonou a capital do distrito e a guarda da gloriosa torre de Pedro da Anhaya, para ir viver, desde ha muitos annos, na quasi fronteira ilha de Chiloane". Ainda que ao longo da comunicação à Sociedade de Geografia, o autor tendesse a acentuar a força da "gente do Musila" e o caráter frágil da ocupação portuguesa como forma de mobilizar e sensibilizar seus ouvintes, destacando, no mesmo sentido, o aspecto violento e arbitrário dessas ações, a presença ostensiva na região de ngunis, que o autor chamou de "landins", é confirmada em documentos posteriores.[84]

Embora o autor tenha evitado associar essas ações diretamente a Muzila, restringindo-as à sua "gente", é pouco provável que a cobrança de tributos nos prazos e nos caminhos percorridos por negociantes se realizasse sem o consentimento ou mesmo conhecimento do soberano nguni, em especial porque tal cobrança se caracterizava como uma das prerrogativas da posição que ocupava no Reino de Gaza. Nesse sentido, é possível considerar que, apesar da assinatura do Tratado de Vassalagem, Muzila seguia dominando a região, controlando o acesso e se mantendo, ou se impondo, como soberano, enquanto portugueses abandonavam progressivamente a região e o governador do distrito de Sofala, incapaz de se impor, abandonava a capital do distrito.[85]

---

84 Arquivo Histórico Ultramarino/Sala de Leitura Geral/Caixa SEMU/Direção Geral do Ultramar/ Sub-Seção:2ªe 3ª Repartição/Moçambique/1881-1889/AHU-ACL-SEMU-DGU/NV.1349/Expedições de Paiva de Andrade.

85 A versão de que o governador do distrito de Sofala abandonou a capital do distrito em função da ação de ngunis, é confirmada por texto de Antonio Maria Cardoso em 1882: "A residencia do governo de Sofalla foi na villa d'este nome até 1865, epocha em que sendo, governador d'aquelle districto o capitão da infanteria José Rodrigues Pinho, passou a ser effectiva em Chiluane, onde ainda hoje se conserva. Esta transferência foi devida ao medo dos vatuas, dando em resultado tomarem estes mais animo nas suas correrias, chegando a ponto de em 1879 irem em pleno dia roubar uma mulher ao centro da villa. É incomprehensivel o terror que os habitantes de Sofalla têem dos vatuas, sendo esta uma das rasões

O Tratado de Vassalagem, lembrado por Paiva de Andrada, ainda que tenha se equivocado quanto à data da assinatura – 1º de janeiro de 1862 e não 23 de novembro de 1863 – servia de sustentáculo à proposta de envio de um emissário português, capaz de fazer Muzila recordar-se "de que prestou vassallagem ao rei de Portugal" e de obter com facilidade "as questões relativas aos prazos da Zambezia e de Sofala, e ao seguro estabelecimento das communicações da costa de Sofala com o interior". Há quanto tempo Muzila andava "esquecido" da assinatura e da vassalagem, o autor não especificava, mas só a referência de que era necessário fazê-lo recordar se comporta como um claro indício de que os artigos que compunham o Tratado surtiram pouco efeito, em especial o segundo

> o dito regulo ordenará a todos os seus subordinados, o maior respeito e acatamento para com os Mulungos (Portuguezes), que tranzitarem pelas terras que elle Muzilla – dominar, e quando algum falte a este rigorozo dever – Muzila – o mandará immediatamente castigar, para exemplo dos outros...

De toda forma, a recorrência ao Tratado de Vassalagem não era casual, em especial pela ausência de uma defesa quanto ao uso de armas e da força como parte de uma estratégia de obter o domínio completo, tal como foi posta por Caldas Xavier em relação às populações do distrito de Lourenço Marques, por exemplo. Ainda que a opção por fazer cumprir o Tratado de Vassalagem pelo convencimento fosse devida a uma possível escassez momentânea de recursos, soldados e oficiais, ao inserir a observação de que "Muzila é um bom preto" no mesmo parágrafo de "para bem do desenvolvimento da civilisação", Paiva de Andrada permitia entrever a crença de que, por ação do homem branco, o africano seria capaz de desenvolver o entendimento, afastando-se da barbárie de origem para se aproximar do modelo civilizatório representado pelo português, ainda que a desigualdade fosse permanente.

É possível que, ao receber uma concessão em vastas regiões da Zambézia, Paiva de Andrada tratasse de todas essas "circunstâncias que iam passando des-

---

que há de sempre impedir o desenvolvimento d'aquelle ponto." Antonio Maria Cardoso, "Expedição ás terras do Muzilla (1882)". In: *Boletim da Sociedade de Geografia de Lisboa*. Lisboa: Imprensa Nacional, 1887, 7ª série, n° 3, p. 187.

percebidas" de forma a agravá-las e justificar a urgência de medidas em sentido contrário, não apenas porque eram capazes, "de um momento para o outro occasionar a perda irremediavel da que devemos considerar a mais interessante parte da provincia de Moçambique", mas porque lhe era particularmente importante que essas regiões estivessem livres de embaraços para que pudesse explorá-las. Por outro lado, à proposta que apresentou à comissão africana no sentido de que um emissário português fosse enviado às terras de Muzila, de modo a recordá-lo "de que prestou vassallagem ao rei de Portugal" e obter com facilidade "as questões relativas aos prazos da Zambezia e de Sofala, e ao seguro estabelecimento das communicações da costa de Sofala com o interior", resultou numa representação feita pela Sociedade de Geografia de Lisboa ao Governo Português em 17 de maio de 1882 e, de fato, se concretizou.[86] Em setembro desse mesmo ano, Antonio Maria Cardoso foi nomeado chefe de uma expedição "ás terras do regulo Muzila", partindo por volta do dia 26. Da viagem resultou um relatório apresentado ao governador geral da província de Moçambique, que o designara para a missão, e no qual relata o encontro que teve com o soberano nguni em 2 de janeiro de 1883:

> Passou a lembrarem se lhes os acontecimentos de 1861 e o tratado de Lourenço Marques, que confirmou, negando só tel-o assignado. Fez-se-lhe ver que desde certa epocha se tinha tornado ingrato para com o Rei de Portugal, a quem devia a sua posição, não só deixando de pagar o tributo, como assolando-lhe as suas terras (...) Tratou-se depois de convencel-o de que, apesar do tratado de Lourenço Marques que dava direito ao Rei de Portugal sobre as suas terras, não queria este de modo algum exercer n'ellas directa influencia, estando comtudo sempre prompto a defendel-as com suas forças, caso alguém tentasse usurpar-lh'as. Fez muitos protestos de amisade para com os portuguezes, a quem seu pae muito lhe tinha recommendado estimasse e respeitasse, que era portuguez, e queria continuar a ser considerado como tal. Ao dizer-lhe que o Rei de Portugal desejava, em troca da protecção que lhe offerecia, o socego das suas terras e o livre transito dos seus súbdi-

---

86 Andrada, *op. cit.*, p. 57.

tos nas d'elle, sem receio de roubos e vexames, fez novos protestos de amisade, e declarou estar promto a obedecer ás suas ordens. Proseguiu-se explicando-lhe bem que o Rei de Portugal não podia contentar-se com simples protestos, que Muzilla de há muito promettia obediência e amisade, mas que as suas obras não correspondiam ás palavras, dando sempre desculpas fúteis dos ataques feitos por gente sua a Sena, Inhambane e Sofalla, e que por isso desejava que consentisse que nas suas terras e próximo a elle se estabelecesse uma auctoridade portugueza, a fim de tratar directamente as queixas apresentadas pelos governadores d'aquelles districtos, bem como que nomeasse elle um dos seus grandes para, a expensas do governo portuguez, ir residir junto ao governo de Lourenço Marques, para mais facilmente se decidirem as questões de Bilene e dos povos vizinhos. N'este ponto, que parece não ter-lhe agradado, quis terminar a conferencia, o que não foi consentido, por se desejar uma resposta, fosse qual fosse, por ser um dos mais importantes das instrucções. Contrariado, mostrou admiração de que só agora se lembrasse o Rei de Portugal de taes pedidos, que não tinha quem mandasse para Lourenço Marques que lhe merecesse confiança; que de boa vontade para ali mandaria um dos seus filhos, mas que estes não faziam nenhum caso d'elle e o tinham abandonado; que não podia resolver questões assim tão importantes assim de repente; que precisava tempo para reflectir e que por isso viéssemos para as nossas terras e voltássemos mais tarde para então dar resposta definitiva. (...) Fallou-se-lhe por fim nas creanças para acompanharem a expedição para Moçambique e serem educadas a expensas do governo, ao que se rio, mostrando bem não attingir o beneficio de uma proposta que mais tarde poderia ser útil á civilisação do seu paiz, e, protestando ter fome, retirou-se, entregando quatro dentes de marfim como retribuição do presente que se lhe tinha dado. D'este modo terminou a conferencia com aquelle potentado, cujos protestos de amisade e estima não constituem só por si garantia segura das boas relações, que se deseja existam com o governo portuguez.[87]

---

87 Cardoso, *op. cit.*, p. 186-187.

Do relato se depreende que, passadas duas décadas, o Tratado de Vassalagem constituía um documento meramente formal e sem qualquer influência sobre a vida na província de Moçambique. Nesse sentido, ao iniciar a reconstituição do encontro indicando que Muzila negava que o houvesse assinado, embora fizesse protestos constantes de amizade para com os portugueses, expunha alguns indícios sobre em que bases essa vassalagem havia sido firmada.

De acordo com os documentos da época, Muzila esteve pessoalmente no presídio de Lourenço Marques em 1861 negociando a ajuda portuguesa na guerra e, a considerar que, conhecendo o conteúdo do Tratado, havia concordado em assiná-lo para recusá-lo depois, a única possibilidade era tê-lo por traidor ou ingrato, como fez Antonio Cardoso. Por outro lado, é possível que, dado que o proposto nos itens não se concretizou, o acordo celebrado durante o encontro diferisse daquele que foi aprovado ou que a relação que se projetava fosse interpretada por Muzila, sobretudo, como de amizade, expressão recorrente ao longo de todo o texto.

Diversas passagens em documentos da época se referiam à dificuldade em se encontrar intérpretes que reproduzissem fielmente o que lhes era dito, sem que incluíssem seus próprios comentários e sem recorrer a aproximações quando não compreendiam com exatidão a mensagem.[88] Nesse sentido, é possível que, ao se referir à vassalagem, Muzila apreendesse do termo um significado distinto em relação ao que lhe era dito pelo governador do distrito de Lourenço Marques ou que, ao se considerar o soberano daquelas terras, simplesmente não projetasse ou não aceitasse que outro poder se sobrepusesse àquele que reivindicava para si.

Como os documentos, no entanto, eram escritos pelos portugueses, suas impressões reinavam hegemônicas, Muzila era acondicionado como traidor e An-

---

88 Sobre uma viagem às terras de Gungunhana entre dezembro de 1884 e fevereiro de 1885, Paiva de Andrada se referia à dificuldade com que se deparava para encontrar um intérprete que pudesse acompanhá-lo: "um dos meus moleques era o interprete com que mais poderia contar, mas fui successivamente descobrindo a impossibilidade de lhe fazer comprehender qual era a missão do interprete, e de lhe fazer traduzir cousa que elle não pensasse entender, e sobre o qual elle depois livremente discursasse na lingua para que traduzia." Arquivo Histórico Ultramarino/Sala de Leitura Geral/Caixa SEMU/Direção Geral do Ultramar/ Sub-Seção:2ª e 3ªRepartição/Moçambique/1881-1889/AHU-ACL-SEMU-DGU/NV.1349/Expedições de Paiva de Andrade.

tonio Maria Cardoso antevia a ocasião oportuna que o pressuposto no Tratado de Vassalagem:

> A morte do Muzilla, que se acha avançado em annos, dará logar a um desmembramento interno no seu paiz, travando-se renhidas luctas entre os partidos creados pelos seus três filhos, que se hão de disputar o throno, e que será por essa occasião precisa muita attenção das auctoridades de Sena, Lourenço Marques, Inhambane e Sofalla, para saberem a melhor política a seguir conforme as circumstancias se apresentarem.[89]

---

89 Cardoso, *op. cit.*, p. 189.

3. No reino de Gungunhana(1884-1895)

Em 12 de dezembro de 1884, o governador-geral de Moçambique, Agostinho Coelho, em carta ao ministro da Marinha e Ultramar, se referia às notícias que circulavam na província de que Muzila havia morrido naquele ano, e encaminhava, como anexo, uma cópia do ofício enviado dias antes pelo encarregado do governo do distrito de Sofala, Antonio Fortunato e que confirmava os boatos sobre o "fallecimento do regulo Vatua Muzila":

> hoje porém creio estar confirmada a morte do mesmo regulo, já por serem unanimez e concordez as noticiaz, já pelo que na minha presença expuseram doiz vatuaz vindo daz terraz d'aquelle potentado, os quaez mandei chamar em companhia do Capitão-mor. (...) = O regulo Muzilla falleceu em agosto e só foi enterrado no principio d'este mez. A noticia do fallecimento foi dada peloz secretarioz noz finz do mez de outubro, tendo o cuidado de guardar segredo de tal acontecimento durante tão longo período = A irmã do fallecido Muzilla, pela influencia que tem, entregou o governo ao seu sobrinho maiz velho, e ordenou que entre elle e o maiz novo não houvesse guerra de sucessão (...) = Entre outraz ordenz dadas pelo novo regulo Mondungaze =, de pouca ou nenhuma importância, havia uma bastante sensível e que de certo collocaria em tristez circunstanciaz os habitantes d'este districto; essa ordem era a de não se proceder a sementeira de qualidade alguma porém foi revogada desde o momento que o cadáver do regulo foi sepultado. = Depois do que acabo de informar resta me dizer a Vossa Excelência que há um ponto importante que me leva a crer não seja cumprido, e é elle o de não haver guerra. É certo que ella está há muito premeditada visto que os doiz filhoz que hoje existem, não são da mesma mulher e d'ahi a razão por que amboz dizem ter direito á sucessão do pai,

por se considerarem primogenitoz; além disso é costume mandar o novo regulo uma espécie de embaixada a este governo do Districto, a qual é sempre acompanhada de algumaz pontaz de marfim, para o governo em tróca lhez dar fasendaz para o luto, dando por essa ocasião parte do fallecimento do seu chefe, o que ainda o novo regulo não fez, não obstante ter havido tempo maiz que sufficiente..." [1]

Ao apresentar as fontes que serviam de comprovação às notícias de que Muzila estava realmente morto, no entanto, o documento apresentava indícios de que a notícia mantinha em sobressalto o governador do distrito de Sofala e, de certa forma, o próprio governador geral da província, que decidiu encaminhar uma cópia ao Ministro da Marinha e do Ultramar em Lisboa. Pela influência que possuía, a irmã do soberano falecido havia confiado a sucessão ao irmão mais velho e ordenado que não houvesse guerra de sucessão, mas o medo se mantinha, em função da associação que as autoridades portuguesas estabeleciam com a disputa desencadeada pela morte de Manicusse em 1858.

Já em 1883, Antonio Maria Cardoso aventava essa possibilidade, apresentando, na ocasião, a irmã e o *Modongaze*, referidos por Antonio Fortunato:

> Muzilla está velho e quasi que não governa, a pessoa importante hoje ali é o secretario Maquejana, que parece ter n'elle grande influencia. Antigamente quem também exercia sobre elle grande influencia era a sua irmã Tomboi, de quem era muito amigo, sendo seu juramento mais sagrado invocar o seu nome, mas essa hoje está afastada, ignorando-se quaes os motivos que a isso o levaram. A sucessão nas terras do Muzilla faz-se por eleição do reinante pouco antes de morrer, a qual é conservada em segredo pelos seus grandes até que se declare o seu fallecimento, que muitas vezes está encoberto um a dois annos. A successão ao throno do Muzilla vae, não em epocha muito remota, dar logar a renhidas luctas entre os seus filhos Modongaze, Mafomane e Como-Como, por todos se julgarem com direito a ella, e ha de succeder o mesmo que em 1861 se deu entre o

---

1 Arquivo Histórico Ultramarino/Sala de Leitura Geral/Caixa SEMU/Direção Geral do Ultramar/ 1ª Repartição/Moçambique/1884/AHU-ACL-SEMU-DGU/nº de ordem:1327/Caixa 6.

hoje reinante e seu irmão Maneva. Isto é inevitável e já esperado, chegando a dizer-se que o que tem mais probabilidades de vencer é Modangaze, que pela sua bondade tem sabido conquistar a affeição da parte mais poderosa dos súbditos de seu pae.[2]

A morte de Manicusse, as restrições impostas por Mawewe e as limitações geradas pela guerra sucessória perduravam na memória das autoridades portuguesas, que acompanhavam com apreensão a escolha do novo sucessor de Muzila, num contexto em que o Tratado de Vassalagem se mostrava incapaz de garantir uma relação com o Reino de Gaza livre de tensões e ataques. Assim, Antonio Fortunato destacava em outra passagem que a irmã de Muzila, em caso de desrespeito às suas orientações, determinava que "a guerra não se prolongasse até ao nosso domínio, poiz não desejava que os brancoz sofressem inclemências", mas a prescrição produzia um efeito mínimo no ânimo do governador do distrito de Sofala, ainda que parecesse se confirmar, "poiz é certo que os negociantez que costumam ir para o interior não teêm sido maltratados". Com a morte mantida em segredo, enquanto se cumpriam rituais que acompanhavam o sepultamento como a proibição de semeaduras e a ausência de "uma espécie de embaixada a este governo do Districto", essas inquietações se agravavam.

Simbolicamente, é possível que à ação de lançar sementes à terra se associasse a ideia da garantia de sobrevivência e, por extensão, abundância e fartura. Mas o soberano, que assegurava o sucesso dessa semeadura, pois conhecia e celebrava rigorosamente as cerimônias que apaziguavam e satisfaziam os antepassados, havia morrido, rompendo esse fluxo e tornando interditos os novos ciclos. A sua retomada coincidia com o enterro[3], que selava a passagem do poder a *Modongaze* e restabelecia a ordem provisoriamente suspensa. Desse modo, a tristeza pela morte de Muzila se espalhava por todo o Reino, representada pela ameaça de privação e escassez que "o não se proceder a sementeira de qualidade alguma" era capaz de gerar, mas superada pela continuidade garantida pela sucessão.

---

2 Cardoso, *op. cit.*, p. 184-185.

3 "... essa ordem porém foi revogada desde o momento que o cadáver do regulo foi sepultado" (Arquivo Histórico Ultramarino/Sala de Leitura Geral/Caixa semu/Direção Geral do Ultramar/ 1ª Repartição/ Moçambique/1884/AHU-ACL-SEMU-DGU/nº de ordem:1327/Caixa 6).

Também os portugueses estavam envoltos no significado que o cumprimento desses rituais comportava, pois o governador do distrito de Sofala se referia com apreensão à ausência de uma "espécie de embaixada sempre acompanhada de algumaz pontaz de marfim, para o governo em tróca lhe dar fasendaz para o luto, dando por essa ocasião parte do fallecimento do seu chefe (...) não obstante ter havido tempo maiz que sufficiente". Era através dessa aproximação que as autoridades buscavam identificar a disposição do novo soberano em relação à presença portuguesa e, por isso, o não enviá-la gerava apreensão e dilatava as indefinições.

A "embaixada" foi enviada meses depois, como informava o governador-geral da província, Agostinho Coelho, ao ministro da Marinha e Ultramar em carta com data de 8 de fevereiro de 1885: "Por fallecimento do regulo Muzila de que já em seu tempo dei conhecimento a Vossa Excelência (...) Modungazi, seu successor, enviou ao governador de Sofala emissarios a dar a noticia e procurando conhecer as dispozições do Governo".[4] Com *Modungazi* no poder, as expectativas no sentido de que se renovasse e fizesse cumprir uma vassalagem que, apesar dos esforços, as autoridades portuguesas não conseguiram obter de Muzila, foram restauradas:

> A necessidade de manter a ordem no sertão e de conservar, se não na obediencia, ao menos na amizade um regulo tão importante, aconselhava a enviar ás terras de Gasa um individuo que obtivesse para a Corôa portuguesa todas as

4 Arquivo Histórico Ultramarino/Sala de Leitura Geral/Caixa SEMU/Direção Geral do Ultramar/ 1ª Repartição/Moçambique/1886/AHU-ACL-SEMU-DGU/nº de ordem:1329/Pasta 8. De acordo com Paiva de Andrada, *Mudungase* teria mandado matar *Mafumana*, com receio de que viesse a disputar a sucessão: "Antes, porém, de eu partir chegou á Gorongosa a noticia de que o Musila, que os landins tinham deixado de boa saude, morrera quasi de repente. Esta circumstancia difficultava a viagem, por causa das guerras e estado de agitação que quasi sempre seguem á morte de um grande potentado africano. (...) Poucos dias depois de começada a viagem, soube que Mudungase, um dos filhos do Musila que os landins na Gorongosa indicavam como provavel successor, tinha effectivamente como tal sido reconhecido, e que elle, receiando que seu irmão Mafumana, o mais guerreiro e mais para temer dos filhos do Musila, não se conformasse com a opinião geral e conspirasse para subir ao poder, o mandára matar, com a mulher e todos os filhos machos, e que, no mais, tudo e todos estavam e tinham estado no mais completo socego." Arquivo Histórico Ultramarino/Sala de Leitura Geral/Caixa SEMU/Direção Geral do Ultramar/ Sub-Seção:2ª e 3ªRepartição/Moçambique/1881-1889/AHU-ACL-SEMU-DGU/NV.1349/Expedições de Paiva de Andrade. Cf. também Ungulani Ba Ka Khosa,. *Ualalapi*. s/l: Associação dos Escritores Moçambicanos, s/d, p. 23-26 e Antonio Rita-Ferreira, *Povos de Moçambique: história e cultura*. Porto: Afrontamento, s/d, p. 315.

vantagens que promette a situação. Suspeitozo Modungaziz das intenções do regulo Matabele Lobengula, seu cunhado; receiozo das manobras que possa intentar Mafumane seu irmão, que éra como elle aspirante á successão; não comprehendendo ainda bem os motivos do estabelecimento do Governo regular em Manica e Quiteve; necessitado talvez de proteção ou apoio extranho para sustentar-se, era esta a occazião propicia de obter alguma couza e assentar bem aquella vassalagem contrahida e mal sustentada por Muzila.[5]

Reunindo os elementos que, acreditava, faziam de *Modungaziz* um herdeiro ainda fragilizado e suscetível à aproximação portuguesa, Agostinho Coelho destacava ainda a necessidade de que fosse enviado um representante que conhecesse a região e que, de alguma forma se mostrasse capaz de influir no ânimo do novo sucessor:

> Se Diocleciano Fernandes das Neves fosse vivo, elle seria sem duvida o mais competente para desempenhar esta tão importante Commissão. Na sua falta, encarreguei-a ao director da extincta alfandega de Angoche J. Casaleiro d'Alegria Rodrigues, que, tendo vivido muito tempo em Sofala, percorrido as terras de Muzilla e tractado de perto com este potentado, é ainda hoje considerado pelos vatuas, a ponto de que os enviados de Mudungazi, depois de cumprimentar o Governador de Sofala, o procurarem logo a elle. Conhecedor do paiz, dedicado ao Governo da pátria de que espera todo o seu futuro, sem interesses de commercio ou de outros quaesquer no districto de Sofala, offerecia maiores garantias de bom desempenho do que qualquer que eu pudesse escolher entre os officiaes da provincia ou entre os commerciantes que frequentam o sertão.[6]

---

5 Arquivo Histórico Ultramarino/Sala de Leitura Geral/Caixa SEMU/Direção Geral do Ultramar/ 1ª Repartição/Moçambique/1886/AHU-ACL-SEMU-DGU/nº de ordem:1329/Pasta 8.

6 *loc. cit.* De acordo com Ilídio Rocha, Diocleciano obteve de Muzila em 1878 uma concessão que lhe permitia se fixar e explorar uma área às margens do rio Limpopo, na época conhecido como Bembe ou Inhampura: "O projecto que Diocleciano das Neves concebera baseava-se no conhecimento que tinha do Sul de Moçambique e na amizade de Muzila, reforçada com o apoio que lhe dera na reconquista do trono de Gaza. (...) A ideia era obter de Muzila uma concessão nas margens do rio Bembe e instalar ali uma grande exploração agrícola com o apoio das autoridades portuguesas que lá poriam alfândega. (...) Logo após a sua chegada a Lourenço Marques em 1878 mandou uma embaixada ao

124   Gabriela Aparecida dos Santos

Não era apenas a morte de Muzila, no entanto, que fazia do envio de Casaleiro d'Alegria uma decisão necessária e premente, mas a atitude, tomada como ameaçadora, da Europa em relação às possessões portuguesas no ultramar:

> os prezentes e o posto garantido a Mudungaziz parecem-me o meio de conseguir alguma cousa, e estou certo de que Vossa Excellência, tendo em vista a opportunidade da occazião e a actividade que urge tenhamos em presença da attitude da Europa com relação ás nossas colonias, approvará a resolução que tomei no interesse da provincia confiada á minha administração.[7]

No trecho, o governador geral não especifica o que esperava do encontro de Casaleiro d'Alegria com o novo soberano, mas se refere aos presentes (que em geral se ofereciam nos encontros como demonstração de respeito e de que se vinha em paz), ao posto (possivelmente a de coronel de segunda linha, a ele atribuído pelo Tratado de Vassalagem em 12 de outubro de 1885) e a "conseguir alguma cousa", num sentido muito próximo ao de "qualquer que fosse", sugerindo que, à parte todos os esforços e para além do discurso, eram os portugueses que naquele momento se encontravam em posição frágil e, particularmente, suscetível. Isso porque a morte de Muzila e a ascensão de *Mudungaziz* como seu sucessor coincindiram com a Conferência de Berlim que, entre novembro de 1884 e fevereiro de 1885, reuniu plenipotenciários de 14 países (Alemanha, Áustria, Bélgica, Dinamarca, Espanha, Estados Unidos da América, França, Grã-Bretanha, Itália, Países Baixos, Portugal, Rússia, Suécia e Turquia) numa discussão destinada a regular as formas de exercício do comércio em África, nomeadamente nas grandes vias fluviais como o Congo e o Níger, e a definir os princípios a observar em

---

seu amigo Muzila pedindo-lhe o que assim descreve: 'permissão para me estabelecer no rio Bembe ou Inhampura, e uma porção de terreno, para diversas cultivações e plantações, na margem que eu escolhesse e que chegasse desde a foz até à parte do rio onde a água doce na preia-mar das marés grandes, devendo ser quadrada a distância que se encontrar (calculo em 1600 quilómetros quadrados, ou hectares 160000 que pedi ao Muzila, por isso que a distância da foz até chegar à água doce deve regular por 40 quilómetros.' A este pedido, respondeu Muzila afirmativamente, como Diocleciano esperava." Diocleciano Fernandes das Neves e Ilídio Rocha, *Das terras do Império Vátua às praças da República Bôer*. Lisboa: D. Quixote, s/d, p. 189-190.

7 Arquivo Histórico Ultramarino/Sala de Leitura Geral/Caixa SEMU/Direção Geral do Ultramar/ 1ª Repartição/Moçambique/1886/AHU-ACL-SEMU-DGU/nº de ordem:1329/Pasta 8.

novas ocupações territoriais. Dessa forma, procurava-se evitar que acordos provisórios, como o negociado em 1884 entre Portugal e a Inglaterra (que reconhecia a soberania portuguesa sobre as duas margens do Zaire) fossem firmados, ainda que a reação da Alemanha, França e Bélgica tivesse evitado a ratificação do tratado. Para resolver esta e outras questões que surgiam do interesse crescente pela África, Bismarck, chanceler alemão, decidiu convocar uma conferência internacional.[8]

De acordo com Valentim Alexandre, a notícia da convocação da conferência suscitou em Portugal reações que flutuavam entre o triunfalismo e a vitimização, como revelava um artigo do jornal "Diário de Notícias" em outubro de 1884:

> É de esperar que a conferência respeite os nossos direitos e reconheça a soberania de Portugal sobre os pontos reclamados. Se assim porém não sucedesse, nenhuma outra transacção entendemos que se poderia admitir, senão um solene protesto contra tão manifesta espoliação.

Mas, em novembro, constava já publicamente que no encontro se pretendiam estabelecer novos princípios de direito internacional para as colônias, pelos quais se fazia a "negação dos direitos anteriores, dando ao mais forte a posse de territórios que outras nações ocuparam, mas onde não instituíram imposto nem instalaram exército (Jornal do Comércio de 30-11-1884)".[9]

Assinada em 26 de fevereiro de 1885, a ata final da Conferência de Berlim consagrava os princípios de livre navegação e livre comércio nas bacias dos rios Níger e Congo, proibindo qualquer tratamento diferencial tanto em relação a navios como a mercadorias. Quanto às novas ocupações de territórios na África, passava-se a exigir, em substituição ao direito histórico, a sua posse efetiva – mas apenas em relação ao litoral, "não tendo a proposta inglesa de estender essa exigência ao interior obtido vencimento, ao contrário do que geralmente se supõe".[10] Em relação a Portugal, reconhecia-se apenas a posse da margem esquerda do rio Zaire, da foz até Noqui, e dos territórios de Cabinda e Molembo, a norte, frustrando as expectativas de expansão na região zairense e fazendo

---

8 Marques, *op. cit.*, p. 205-206.

9 Alexandre, *op. cit.*, p. 126.

10 *Ibidem*, p. 126-127.

voltar a atenção para a ocupação da zona entre Angola e Moçambique, objetivo antigo que ganhava agora uma nova urgência face ao pronunciado interesse europeu por África, manifesto na Conferência de Berlim.[11]

Nesse contexto, era particularmente importante que o contato de Casaleiro d'Alegria com o sucessor de Muzila se revelasse promissor e capaz de garantir a afluência portuguesa nas terras de Gaza. Os primeiros desdobramentos desse encontro aparecem em carta de Augusto de Castilho, que havia substituído Agostinho Coelho como governador-geral da província de Moçambique, ao ministro da Marinha e Ultramar em 25 de julho de 1885, na qual se informava que "Jose Casaleiro d'Alegria Rodrigues, enviado pelo Excellentissimo Governador Geral meu predecessor, ás terras do sucessor do Musilla, chegou a este posto de volta da sua missão" e que seguia para Lisboa "accompanhado por dois enviados do regulo Gungoneana, que vão apresentar a Sua Magestade El-Rei o preito da sua vassalagem respeito e amizade".[12]

---

11 Valentim Alexandre, *Velho Brasil, Novas Áfricas: Portugal e o Império (1808-1975)*. Porto: Edições Afrontamento, 2000, p. 154.

12 Arquivo Histórico Ultramarino/Sala de Leitura Geral/Caixa SEMU/Direção Geral do Ultramar/ 1ª Repartição/Moçambique/1886/AHU-ACL-SEMU-DGU/nº de ordem:1329/Pasta 8. Antes chamado *Mondungaze* ou *Modungaziz*, o sucessor de Muzila passa então a ser referido por *Gungoneana*, com pequenas diferenças na escrita, tal como o nome anterior. De acordo com Maria da Conceição Vilhena, "O cognome de Gungunhana adoptado por Mundagaz, tem, para uns o significado de 'terrível' ou 'invencível'. Para outros, terá uma relação com as grutas do mesmo nome, para onde eram atirados muitos dos condenados à morte, no tempo de Manicusse e de Muzila. Ficavam no Mossurize, nas fraldas das montanhas na Cherinda; e deviam ser grutas de exploração mineira, do tempo do Monomotapa. (...) Segundo José de Almeida, Gungunhana quer dizer 'sou, contra a expectativa geral', o que está de acordo com o facto de Mundagaz ter sido rei, apesar de não ser o primogênito, e de ter tido de eliminar os irmãos para tal conseguir. Uma outra hipótese é-nos dada por D. L. Wheeler. Segundo este historiador, o nome Gungunhana pode ser a corrupção do epíteto dado pelos swazis ao seu rei – 'ingwenyan', que quer dizer o 'leão'; o que fundamentaria a expressão de 'leão de Gaza', com que frequentemente se designa este régulo, já no seu tempo." Maria da Conceição Vilhena, *Gungunhana no seu reino*. Lisboa: Edições Colibri, 1996, p. 44. Versões semelhantes são encontradas também em Rita-Ferreira, *op. cit.*, p. 314. Mas, em relação às associações que expressões como "terrível" e "condenados a morte" permitem suscitar, é preciso cuidado. Por um lado, é possível que, baseando-se na história oral, fosse captado o medo gerado por muitas populações locais atacadas por ngunis e, que por isso, tendiam naturalmente a temer Gungunhana. Mas, por outro, podem remeter a fontes portuguesas que tenderam, ao longo do tempo, a associar

Augusto de Castilho apresentava a viagem como particularmente oportuna, entre outros motivos, por permitir que Matanda Encoce e Mapinda se convencessem por seus olhos "do que ainda somos, e do que podemos fazer n'uma eventualidade necessaria".[13] Se, por um lado, a argumentação permite inferir que, para o governador geral, tal convencimento se atrelava à ida a Lisboa, como se a presença portuguesa e o aparato administrativo em Moçambique se mostrassem insuficientes de fazê-lo, por outro em "somos" destaca-se um "nós", portugueses, e uma necessidade de que, publicamente, se reconhecesse o valor que atribuía à sua própria nação. Nesse sentido, o "ainda" e o "que podemos fazer" sugerem que esse valor estava em prova, em teste e desafio, mas que se mantinha latente e capaz de se fazer sentir "n'uma eventualidade necessaria", apesar de todas as dificuldades e desagravos por que haviam passado.

É possível que a Conferência de Berlim, selando a primazia da posse efetiva em detrimento do direito histórico que Portugal reivindicava, influísse nesse estado de ânimo, ainda que não referida explicitamente. O contexto, no entanto, estava suficientemente marcado por referências que reconstituíam a aproximação de estrangeiros em relação a Muzila e a forma como ultimamente se mostrava ostensiva:

> Estas diligencias britannicas, representadas mais accentuadamente pelo General Sir Charles Warren, que anda n'uma muito complexa missão no sertão de África Austral com um exército de 5000 homens, teem tomado uma feição de insistencia tão apparente que não devem passar sem o devido reparo. Por outro lado alguns dos boers do Transvaal, na sua irriquieta

Gungunhana a uma feição particularmente "selvagem" e a destacar a responsabilidade que possuíam de "salvar" essas populações desse domínio, justificando a própria intervenção portuguesa na região. De toda forma, o que se mantém é a ideia de que, ao assumir o poder, o sucessor de Muzila passou a nomear-se de outro moço, prática recorrente em Gaza, talvez para ressaltar a passagem da condição de herdeiro a soberano e para criar em torno de si um vínculo indissociável de poder.

13 "Gungunhana enviou a Lisboa, dois súbditos seus, como embaixadores. Não se tratava de angunes, talvez por medo do mar, que era tabu, mas de angunizados. Um chamava-se Matanda-Encoce e teria à volta de 60 anos de idade; foi escolhido por falar bem o português, que aprendeu no convívio com Alexandre José Marques, capitão-mor das terras de Sofala, a cujo serviço estivera durante bastantes anos. O outro chamava-se Mapinda e teria entre 40 e 48 anos; vivia na corte do Gungunhana e era pessoa da confiança do régulo." Vilhena, *op. cit.* p. 38. Cf. Liesegang, *op. cit.*, p. 9.

ambição de se expandirem pelo norte dentro, teem por varias vezes visitado o paiz dos landins em busca de novas pastagens para os seus gados, e sobretudo em busca de uma liberdade ilimitada e absoluta, sem sujeição e authoridades constituídas de espécie alguma.[14]

De acordo com Augusto de Castilho, para "se contrapôr a estas influencias, ou para melhor dizer – para se escudar contra o perigo d'essas diligencias extranhas", Gungunhana teria decidido buscar "o nosso auxilio", declarando-se vassalo, "para que nós, mediante umas determinadas estipulações lhe concedessemos o nosso apoio moral e defendêssemos a integridade do seu território reconhecidamente portuguez".[15] Não é possível identificar se essa constituía a motivação principal que havia levado o sucessor de Muzila a designar Matanda Enconce e Mapinda como seus emissários para que apresentassem "a Sua Magestade El-Rei o preito da sua vassalagem respeito e amizade", pois o documento tendia naturalmente a privilegiar o entendimento que o próprio governador geral possuía em relação a esse processo. Mas dessa interpretação é possível observar como procurava estabelecer entre Gungunhana e o governo português um vínculo que se mostrasse indissociável. Em 1861, Muzila havia recorrido à ajuda do governador do distrito de Lourenço Marques na luta contra Mawewe, mas em 1884 esse conflito não havia tomado a proporção anterior, de modo que Gungunhana recorresse ao mesmo pedido e justificasse uma vassalagem "oferecida" em troca.

Ausente a guerra sucessória, Augusto de Castilho parecia recuperar outra razão que levasse o novo sucessor a depender formalmente da Coroa portuguesa, ainda que por "gratidão", como falava Antonio Maria Cardoso em 1883 em relação a Muzila – a pressão de britânicos e bôeres. Em função dessas "diligencias extranhas", Gungunhana era então acondicionado em meio a uma fragilidade que o impedia de rechaçá-las, mas que oferecia a Portugal a ocasião de defender a "integridade do seu território" e de atrelá-lo ao "reconhecidamente

---

14 *loc. cit.*

15 Arquivo Histórico Ultramarino/Sala de Leitura Geral/Caixa SEMU/Direção Geral do Ultramar/ 1ª Repartição/Moçambique/1886/AHU-ACL-SEMU-DGU/nº de ordem:1329/Pasta 8.

portuguez", que se comportava como anúncio público "do que ainda somos, e do que podemos fazer n'uma eventualidade necessaria" não apenas aos olhos de Matanda Encoce e Mapinda, mas de outras potências europeias que alimentavam um interesse pelas terras de Gaza.

Em anexo à carta, o governador geral enviou ao ministro os "apontamentos para um projecto de tratado, ou antes alguns pontos já discutidos e assentes entre o regulo Gungoneana e o nosso emissário" que correspondiam, na verdade, às bases do *Tratacto de Vassalagem, Amizade e Commecio, do regulo Gungunhana, sucessor do Musilla, com o governo portugues*, firmado em 25 de julho de 1885 e apresentados por Casaleiro d'Alegria a Augusto de Castilho:

> O regulo Gungunhana, reconhece a Portugal os direitos de soberania, ás terras que seu pae governava e que pelo seu fallecimento, elle, Gungunhana hoje governa; bem como concede á mesma nação portuguesa o direito de soberania a qualquer terreno que no futuro elle Gungunhana, conquiste ao gentio não avassalado. – As minas existentes em todo o território *pertencente* e governado pelo dito regulo, poderão ser exploradas, mediante contrato feito entre elle com assistencia do residente do governo portugues – Junto ao regulo Gungunhana, haverá um residente, empregado do governo português, afim de vigiar e fazer cumprir o presente tractado; assim como, haverá um outro residente no Bilene. (para evitar a escravatura clandestina que os negociantes ali fazem) – Junto á residência do regulo, haverá uma eschola d'instrucção primaria do sexo masculino, e outra para o sexo feminino – Será livre o tranzito, pelas terras do regulo Gungunhana, a todos os subditos portugueses. Os estrangeiros que desejem tranzitar pelo dito território, serão abonados pelas autoridades portuguesas – A caça ao ellefante, só será concedida mediante contracto com o regulo Gungunhana – O regulo Gungunhana, não poderá declarar guerra a qualquer regulo, sem que precisamente obtenha autorisação do governo português – As questões que se suscitarem com os subditos portugueses ou estrangeiros, serão resolvidas em presença do presidente do g.p.; e só quando as partes se não conformarem com as resoluções por estes tomadas, poderão appe-

lar para o governo geral, os subditos portugueses, e para o governo da metrópole, os estrangeiros – O regulo promoverá pelos meios ao seu alcance, para que todos os seus súbditos se empreguem na agricultura e mais industrias do paiz – A todos os actos solemnes, assistirá o residente do g.p. – Quando qualquer nação estrangeira deseje tractar com o regulo Gungunhana o fará por entermedio do g.p. – (Actos ou concessões feitas por G. P.) As terras governadas directamente por autoridades p., não poderão ser invadidas pelas forças do regulo. – O governo p. receberá nas alfândegas da província, uma libra por cada subdito do regulo que venha do estrangeiro, que será entregue ao mesmo Gungunhana, de 6 em seis meses; podendo o governo p. augmentar esta contribuição com mais meia libra como remuneração do serviço pela cobrança do dito imposto. – Alem dos artigos a cima, poderão fazer-se os mais que se julgarem precisos para legalisar este tractado.[16]

Em vários aspectos, esses itens se aproximavam das "condições impostas" a Muzila pelo governador do distrito de Lourenço Marques em 1861, como a referência à educação, ainda que num sentido mais amplo com a instalação de uma escola de instrução primária do sexo masculino e outra para o sexo feminino, e não mais destinada apenas a um ou dois filhos do "dito regulo"; a proposta de "livre tranzito"; o impedimento quanto a "declarar guerra a qualquer regulo" e a existência de uma autoridade portuguesa na resolução de conflitos.[17]

Por um lado, essa recorrência pode estar associada à certa padronização nesse tipo de contrato que a Coroa portuguesa firmava com autoridades africanas, de modo que esses itens se fizessem presentes em suas várias versões e independente do contexto em que eram estabelecidos. De acordo com Gerhard Liesegang, historiador alemão, professor na Universidade Eduardo Mondlane e colaborador do Arquivo Histórico de Moçambique, "possivelmente não foram consultadas as condições de vassalagem de 1861, quando Rodrigues recebeu as suas instruções

---

16 *loc. cit.*

17 Arquivo Histórico Ultramarino/Sala de Leitura Geral/Caixa SEMU/Direção Geral do Ultramar/ Moçambique/1862/Pasta 28/AHU-ACL-SEMU-DGU/Nv.1310.

Reino de Gaza   131

mas elas, evidentemente, influenciaram bastante a redacção".[18] Por outro, é possível que a não concretização dos artigos que constavam no Tratado de Vassalagem de 1861 levasse Casaleiro d'Alegria a propô-los novamente, não apenas para que fossem reiterados, mas por crer que, dessa vez, surtiriam resultados concretos. Nesse sentido, a criação de um lugar permanente a ser ocupado por um português junto ao "regulo Gungunhana (...) afim de vigiar e fazer cumprir o presente tractado" e a observação de que "alem dos artigos a cima, poderão fazer-se os mais que se julgarem preciso para legalisar este tractado" desempenhavam um importante papel, reforçando a intenção de se levar a efeito as disposições do Tratado de Vassalagem, a despeito do que se dera com o anterior.

Não eram apenas associações e recorrências ao documento anterior, no entanto, que sustentavam os apontamentos de Casaleiro d'Alegria. Como documento de época, o texto permite recuperar algumas das novas conformações político-econômica e social que se desenvolveram em Moçambique entre os anos de 1861 e 1885. Inexistente no Tratado de Vassalagem de 1861, a passagem

> o governo português receberá nas alfândegas da provincia uma libra por cada subdito do regulo que venha do estrangeiro, que será entregue ao mesmo Gungunhana, de 6 em seis meses

remetia ao já referido movimento migratório associado às plantações de cana-de-açúcar do Natal e à descoberta de diamantes em 1867 e de ouro em 1869 na África do Sul.

Pelo exposto, procurava-se não apenas garantir a sua continuidade (visto os rendimentos que eram capazes de gerar para o governo em Moçambique), mas mecanismos que permitissem alimentá-lo, pois, condicionando o ganho de Gungunhana ao número de trabalhadores que se deslocavam, é muito provável que se esperasse do soberano nguni, em função de uma aspiração pessoal, que incentivasse ou, até mesmo, constrangesse as populações de Gaza nessa direção, aumentando, por conseguinte, os rendimentos das alfândegas.

Do mesmo modo, a referência às minas "existentes em todo o território pertencente e governado pelo dito regulo" revelava o interesse português, crescente desde

---

18 Liesegang, *op. cit.*, p. 18.

a década de 1870 e associado à decoberta de minas na África do Sul, por jazidas que pudessem ser exploradas na província de Moçambique, mas, em especial, na região mineira de Manica, "considerada como parte das terras sujeitas ao poder do Muzila e do seu successor Gungunhana".[19]

De acordo com Paiva de Andrada, os portugueses a haviam ocupado "durante séculos", instalando uma vila e uma feira em Macequece, mas em 1832 uma força zulu vinda do sul se aproximou, atacou o forte e os expulsou. Nos anos seguintes, esses zulus se deslocaram para o norte, atravessando o Zambeze e permitindo que os antigos contatos e o comércio de ouro que a população local continuava a lavrar fossem retomados e que o comandante militar de Sena investisse a principal autoridade africana local, sem que a antiga ocupação fosse, contudo, recuperada. Em 1870, referida na documentação da época como Reino, Manica era governada por Mutaça que, pela morte que havia impingido a seu tio e predecessor, enfrentava a oposição e uma guerra que seus irmãos moviam. Acuado, Mutaça recorreu à ajuda de Muzila, tornando-se dele dependente.[20]

Na comunicação à Sociedade de Geografia de Lisboa em 18 de fevereiro de 1882, Paiva de Andrada já destacava a necessária e urgente ocupação de Manica pelos portugueses, sob a ameaça de perdê-la.[21] Da proposta, resultou a criação do distrito de Manica, com sede na vila de mesmo nome, a 14 de junho de

---

19 *Documentos relativos aos acontecimentos de Manica (setembro a dezembro de 1890)*. Lisboa: Imprensa Nacional, 1891, p. 32-33. De acordo com o texto "Território de Manica e Sofala e a administração da Companhia de Moçambique", na segunda expedição que empreendeu sob a *Société des Fondateurs de la Compagnie Générale du Zambeze*, Paiva de Andrada teria percorrido "parte do paiz de Manica, região tão celebre da nossa historia da Africa Oriental e cujas minas foram noticiadas em todos os escriptos antigos como os de Fr. João dos Santos, Bocarro, etc., e que de novo teem sido postas em relevo por viajantes da cathegoria scientifica de Livingstone, Erskine ou de notoriedade como Selous e Elton." Companhia de Moçambique, *Território de Manica e Sofala e a administração da Companhia*. Lisboa: Typographia da Companhia Nacional Editora, 1902, p. 5-6.

20 *Documentos relativos aos acontecimentos de Manica (setembro a dezembro de 1890)*. Lisboa: Imprensa Nacional, 1891, p. 72-73. Embora Paiva de Andrada tendesse a justificar o direito português sobre Manica em função de uma ocupação que se perdia nos "séculos", a versão é confirmada por outros documentos. Arquivo Histórico Ultramarino/Sala de Leitura Geral/Caixa SEMU/ Direção Geral do Ultramar/1ªRepartição/Moçambique/1890/Pasta12/AHU-ACL-SEMU-DGU/NV.1333.

21 Andrada, *op. cit.*, p. 60.

1884,[22] constituído por "alguns prazos da margem sul do Zambeze, limitado ao norte pelo Zambeze, da Chupanga ao rio Luenha, Mazoé e Alto Save, e ao sul pelo curso do Munao e depois pelo Busi até à foz".[23] De acordo com João de Azevedo Coutinho, no entanto, a sede não pôde ser instalada no ponto originalmente designado pelo decreto de criação em função de Muzila, "que não viu de bom grado a ocupação de Manica pela nossa gente", transferindo-a assim provisoriamente para a região da Gorongosa, em local (Inhacôa) que passou a chamar-se Gouveia.[24]

---

22 "Secretaria d'Estado dos Negocios da Marinha e Ultramar - Direcção Geral do Ultramar - 1ª Repartição - Copia - Considerando quanto importa aos interesses do commercio e da industria da provincia de Moçambique manter a devida segurança na antiga feira e villa de Manica que pode ser o centro de uma grande actividade commercial e um ponto interessante para o estabelecimento da colonisação europêa appoiado na obra de fortificação ainda ali existente e que convém approveitar; Considerando o que em varias epochas tem sido representado por diversos governadores geraes e outras auctoridades e corporações com o fim de ser augmentada a riqueza publica da dita provincia e mantido ali efficazmente o dominio portuguez; Tendo ouvido a junta consultiva do ultramar e o conselho de ministros e usando da faculdade concedida ao governo pelo § 1º do art.º 15º do accto addicional da carta constitucional da monarchia: Hei por bem decretar o seguinte: Art.º - É constituido em Manica na provincia de Moçambique um districto com a denominação de 'Districto de Manica', com a séde na antiga villa do mesmo nome. § unico. Subordinado a este districto, haverá um commando militar no Aruangua, no ponto mais apropriado junto á margem direita deste rio (...) O ministro e secretario d'estado dos negócios da marinha e ultramar assim o tenha entendido e faça executar. Paço, em 14 de junho de 1884". Arquivo Histórico Ultramarino/ *Boletim Oficial de Moçambique*/N°33 (1884).

23 João de Azevedo Coutinho, *O combate de Macequece*. Lisboa: Agência Geral das Colónias, 1935, p. 8

24 *loc. cit.*, p. 8. A mesma versão aparece em Companhia de Moçambique, *op. cit.*, p. 127: "Mas a própria Manica não poude ser occupada pelo ciume do regulo vatua, e a sede provisória do Governo estabeleceu-se, a 15 de dezembro de 1884, nas fraldas norte da serra da Gorongosa, em Inhagou, que recebeu o nome de Gouveia."

"Carta do distrito de Manica coordenada sobre informações obtidas de Sua Exª. o Governador do distrito J. J. Gorjão Moura, do capitão Paiva de Andrada e de alguns indigenas por José Xavier de Moraes Pinto. Gouveia, dezembro de 1885". Arquivo Histórico Ultramarino/ Instituto de Investigação Científica Tropical.

Por ocasião da morte de Muzila, Paiva de Andrada havia já liquidado a *Société des Fondateurs de la Compagnie Générale du Zambeze* em 1883 por falta de capital necessário mas, "entusiasmado com a riqueza aurífera da região", criado a "Companhia de Ophir" que, com "novos elementos financeiros, d'esta vez todos nacionaes", recebeu o direito de exploração exclusiva das minas de Manica e Quiteve por decreto de 12 de fevereiro de 1884.[25] Particularmente interessado nessa atividade e designado a auxiliar na instalação do governo de Manica, "visitar os regulos vizinhos e procurar estreitar com elles relações de commercio e de amisade", em função de portaria expedida pelo Ministério da Marinha e Ultramar em 30 de junho de 1884, o capitão de artilharia percorreu a região do vale do Zambeze, escrevendo, em seguida, um relatório sobre a "viagem às terras dos landins feita nos mezes de dezembro de 1884 e janeiro e fevereiro de 1885".[26]

Decidido a fazer "a primeira visita ao rei de Gasa", Paiva de Andrada chegou na manhã do dia 23 de janeiro de 1885 à povoação de Cuzova, incumbindo alguns de seus condutores para que dessem conhecimento a Gungunhana de que se aproximava. Mas, só no dia 1 de fevereiro é que chegaram "quatro grandes, acompanhados de muita gente, que me vinham cumprimentar da parte do Gunguneana, trazendo-me um boi, e pedindo-me que expozesse o motivo da minha visita." Ao questionamento, respondeu

> que vinha para confirmar e estreitar as relações de amisade com o novo regulo portuguez, e para lhe dizer que o rei resolvêra mandar reoccupar

---

25 Companhia de Moçambique, *op. cit.,* p. 5-6. De acordo com o decreto: "Hei por bem decretar o seguinte: Artigo 1°. Nos termos do artigo 45° do decreto com força de lei de 4 de dezembro de 1869 são concedidas á Companhia de Ophir, sociedade anonyma de responsabilidade, limitada, as minas de Manica, Quiteve, Bandire e Inhaoxo, situadas na bacia hydrographica dos rios Busio e Aruangua, na província de Moçambique, devendo a mesma companhia, em obediencia a outros preceitos do citado decreto, proceder, quanto antes, aos trabalhos mineiros, que a habilitem a tomar successivamente posse legal das indicadas minas dentro do praso de seis annos. (...) Art.3°. A companhia de Ophir pagará ao cofre da provincia de Moçambique, alem dos impostos geraes e do imposto especial de minas, 5 por cento do produto liquido que auferir da exploração das minas, que são objecto d'esta concessão. O ministro e secretario d'estado dos negocios da marinha e ultramar assim o tenha entendido e faça executar. Paço, em 12 de fevereiro de 1884.= Rei.= Manuel Pinheiro Chagas." Arquivo Histórico Ultramarino/*Boletim Oficial de Moçambique*/N°33 (1884).

26 Paiva de Andrade, *Relatório de uma viagem às terras dos landins feita nos mezes de dezembro de 1884 e janeiro e fevereiro de 1885.* Lisboa: Imprensa Nacional, 1885.

> as suas terras de Manica e avisar d'isso o Gunguneana para que se alguns landins fossem para aquelle lado recebessem do Gunguneana ordem para ter bom trato com os mosungos.[27]

Paiva de Andrade esperava falar pessoalmente com o soberano nguni que, no entanto, enviou no dia 11 seguinte "todos os grandes que primeiro me tinham vindo ver, acompanhados de alguns outros". Passados os cumprimentos e as conversas "sobre assumptos estranhos ao objecto da minha presença ali",

> o maior de entre elles, um bello e sympathico homem, por nome Magumeana, chamou do grupo de pretos, que estavam sentados atrás dos grandes, um que veiu pôr junto a mim uma pequena ponta de marfim, sobre a qual Magumeana poz duas libras sterlinas, dizendo que era a *bôca* do Gunguneana.[28] (grifo do autor)

O encontro aparece no relatório concluído em março do mesmo ano, mas uma carta escrita no próprio dia e em "Terras do Gunguneana (herdeiro do Muzila)"[29] revela com detalhes como se desenvolveu:

> Vim aqui ás terras do Muzila fazendo uma viagem bem difficil e o resultado não correspondeu ás minhas esperanças. Diz o Gunguneana succesôr e filho do Muzila que nunca fallavam ao pae em trabalhar as minas de ouro das suas terras, e que agora veem ter com elle apenas começa a governar, e que não consente no que o pae nunca foi pedido para consentir. Por outro

---

27 *Ibidem*, p. 23.

28 *Ibidem*, p. 24.

29 A carta foi escrita à mão e em papel simples, sem quaisquer insígnias do governo português e sem referência nominal a quem se destinava. Há, no entanto, logo no início, a seguinte passagem: "Não tenho tempo de escrever a Vossa Excelência o ministro e rogo a Vossa Excelência para lhe communicar o que tenho dicto", que permite considerar a hipótese de que Paiva de Andrada se dirigia ao governador geral que, hierarquicamente, era quem escrevia para o Ministro da Marinha e Ultramar, a quem possivelmente se referia. Arquivo Histórico Ultramarino/Sala de Leitura Geral/Caixa SEMU/Direção Geral do Ultramar/2ªe3ªRepartição/ Moçambique/1881-1889/AHU-ACL-SEMU-DGU/NV.1349/Expedições de Paiva de Andrade.

lado declara que é portuguez, que assim o diz a todos os estrangeiros que o visitam, que elle, a pessoa d'elle é mulher do Rei de Portugal, mas que toda a gente que está em Chiloane, Sofalla, Gorongosa e Senna é sua mulher. (...) um soldado desertor de Inhambane Antonio Pinto veio para o Musila influir quanto possível contra os brancos, e (...) lhe assegurou que no dia em que elle deixasse mosungos trabalhar em minas, viriam logo tantos que encheriam o paiz e lhe havia de tomar todas as terras. É este o motivo possível da inesperada opposição. Foi também uma fatalidade a morte do Muzila porque este hoje nada faz senão por conselho de muitos grandes que são todos naturalmente mais mal dispostos contra os brancos.[30]

Paiva de Andrada retorquiu, dizendo que "já se achava em caminho quando se soube do fallecimento do Muzila" e que o rei de Portugal não tinha que receber "licença de pessoa alguma para mandar mesungos (portugueses) para as suas terras de Manica, que todos na localidade reconhecem pertencer-lhe." Mas os grandes, como se referia, responderam "que quando as tropas do Muzila conquistaram as terras e sujeitaram os regulos de Quiteve e de Manica não encontraram um só mesungo que declarasse ter n'elles propriedade". Mostrava-se, portanto,

> Inutil qualquer discussão com estes homens isolados, visto que a resposta do Gunguneana tinha sido dada em conselho de todos os grandes, que já se achavam espalhados, e que evidentemente eu não podia ter agora modificação ás resoluções tomadas. (...) Gunguneana disse aos grandes, quando elles vieram ver-me com a resposta, que não me pedissem fazendas, para que eu não *podesse voltar dizendo que tinha comprado as minas*...[31]

A considerar o relato, as esperanças que o haviam conduzido às terras de Gungunhana, de fato não se concretizaram. O rei de Portugal "resolvêra mandar reoccupar as suas terras de Manica", mas, através de um conselho formado por "grandes", o soberano nguni informava que não aceitava o que ao pai "nunca foi pedido para con-

---

30 Arquivo Histórico Ultramarino/ Sala de Leitura Geral/ Caixa SEMU/ Direção Geral do Ultramar/ 2ªe3ªRepartição/ Moçambique/ 1881-1889/ AHU-ACL-SEMU-DGU/NV.1349/ Expedições de Paiva de Andrade.

31 Andrade, *op. cit.,* p. 26. O grifo aparece no documento original.

sentir". Gungunhana obstava assim a iniciativa e o capitão de artilharia se resignava, ainda que momentaneamente, à impossibilidade de obter as concessões que desejava. Mas Paiva de Andrada observava que, por outro lado, se declarava português e se dizia "mulher do Rei de Portugal", como se a sua submissão, que a expressão "mulher" suscitava nesse contexto, fosse meramente formal e, ao mesmo tempo, violada por Gungunhana na sua oposição à ocupação de Manica.

O que para o autor do relatório, no entanto, representava uma falta de compromisso, para o sucessor de Muzila podia significar apenas que reconhecia a existência de um vínculo que o unia ao rei em uma relação de proteção e dependência, mas que esse reconhecimento não implicava na perda de terras que considerava possuir. E por isso, Chiloane, Sofalla, Gorongosa e Senna se mantinham como "sua mulher", pois grupos de ngunis atacavam esporadicamente essas povoações e cobravam tributos que, em Gaza, se comportavam como sinal de submissão.

Era, portanto, uma posse que se fundava numa espécie de "direito de conquista" que os conselheiros atribuíam ao soberano nguni, como sugeria a resposta dada em relação às terras de Manica: "quando as tropas do Muzila conquistaram as terras e sujeitaram os regulos de Quiteve e de Manica não encontraram um só mesungo que declarasse ter nelles propriedade". Da mesma forma, também Paiva de Andrada reconhecia essa autoridade e posse ngunis, apesar de declarar que o rei de Portugal dispensava qualquer licença para ocupar terras que tomava por suas, pois havia percorrido um longo caminho até a povoação de Gungunhana, ainda que apenas para "informá-lo". Se assim fosse, a própria viagem seria dispensável e os recursos que nela foram investidos seriam revertidos para a ocupação, do mesmo modo que a recusa de Gungunhana não representaria um impedimento real, como de fato se mostrou, pois somente com a autorização em 1888 os portugueses puderam ocupar e explorar as minas de Manica. Mas estava-se ainda em 1885 e Casaleiro d'Alegria procurava garantir no Tratado de Vassalagem uma exploração, livre de impedimentos, das "minas existentes em todo o território *pertencente* e governado pelo dito regulo".[32]

Nos apontamentos de Casaleiro destacava-se ainda a palavra "estrangeiros", inexistente no Tratado de Vassalagem firmado em 1861, tal como a referência às minas e ao movimento migratório. A considerar a amplidão do emprego, na ausência de

---

32 Arquivo Histórico Ultramarino/Sala de Leitura Geral/Caixa semu/Direção Geral do Ultramar/ 1ª Repartição/Moçambique/1886/ahu-acl-semu-dgu/nº de ordem:1329/Pasta 8.

uma discriminação do termo, a expressão suscitava a ideia não apenas de que era possível encontrar pessoas de nacionalidades que não a portuguesa, mas que se faziam tão presentes no território de Gungunhana quanto no texto. A recorrência não era, no entanto, casual, pois se elaborava o documento em um contexto marcado pela Conferência de Berlim e pelo crescente interesse europeu pela África. Por isso, mais do que firmar condições a serem cumpridas pelo sucessor de Muzila, deveria servir de demonstração de uma posse que se pretendia efetiva, garantindo a Portugal "os direitos de soberania, ás terras que seu pae governava e que pelo seu fallecimento, elle, Gungunhana hoje governa".[33] O governador geral enviou ao Ministro da Marinha e Ultramar as bases apresentadas por Casaleiro d'Alegria, mas o Tratado de Vassalagem foi aprovado na seguinte versão:

> Aos doze dias de outubro de mil oitocentos e cinco, n'uma das salas do ministerio da marinha e ultramar, se reuniram o coronel conselheiro Agostinho Coelho, chefe da quarta repartição da direcção geral do ultramar, José Casaleiro de Alegria Rodrigues, director da extincta alfandega de Angoche e enviado especial do regulo *Gungunhana,* filho e successor do fallecido regulo Muzilla, Matanda-Encoce e Mapinda, súbditos do mesmo regulo, e Caetano Xavier Diniz Junior, tenente do regimento de infanteria do ultramar, em serviço na repartição acima citada, servindo de secretario, a fim de se estipularem as bases em que deve se assentar o acto de vassallagem proposto pelo mesmo regulo *Gungunhana.* Pelo referido coronel conselheiro Agostinho Coelho foi apresentada e lida e a portaria régia de 9 do mez e anno acima referidos, pela qual Sua Magestade El-Rei houve por bem encarregal-o de redigir e formular as condições do alludido acto, e em seguida interrogou os mencionados súbditos do regulo *Gungunhana,* Matanda-Encoce e Mapinda acerca das intenções manifestadas por aquelle regulo no acto de os enviar a Portugal, ao que elles declararam que o sobredito regulo os enviára para prestarem testemunho de que transferira para José Casaleiro de Alegria Rodrigues todas as faculdades necessárias para apresentar, por si e seus successores, ao governo portuguez o seu pedido de vassallagem a Sua Magestade El-Rei de Portugal, sujeitando-se aos precei-

---

33 *loc. cit.*

tos seguintes: 1º O regulo *Gungunhana*, por si e seus successores, faz acto de vassallagem ao Rei de Portugal e de obediencia ás leis e ordens que lhe forem transmitidas pelo governador geral da província de Moçambique, ou pelos agentes subordinados a esta auctoridade, compromettendo-se a não consentir em seu território o dominio de qualquer outra nação; 2º O territorio sobre que o regulo *Gungunhana* exerce jurisdicção é aquelle em que seu pae tinha domínio, e lhe havia sido garantido em 2 de dezembro de 1861; 3º Junto ao regulo *Gungunhana* haverá um delegado do governo portuguez, denominado residente-chefe, para o aconselhar na fórma de administrar o paiz, e na resolução das questões que porventura se levantem entre a sua gente e os subditos portuguezes; 4º Nas povoações principaes do territorio em que o regulo *Gungunhana* exerce jurisdicção, e principalmente n'aquellas que confinam com os districtos de Lourenço Marques, Inhambane e Sofála, haverá residentes subordinados ao residente-chefe, para exercerem sobre as auctoridades locaes, dependentes do referido regulo, a tutela a que se refere o artigo precedente; 5º Os residentes arvorarão a bandeira portugueza nas suas residencias, e terão para sua guarda a força militar que lhes for destinada; 6º Quando algum indigena dependente da jurisdicção do regulo *Gungunhana* praticar crime ou delicto em territorio sujeito á administração das auctoridades portuguezas, será julgado e sentenciado pela justiça portugueza; 7º Os individuos portuguezes que commetterem crime ou delicto nas terras sujeitas ao regulo *Gungunhana* serão entregues ao residente da localidade, ou ao mais proximo, para serem remettidos á auctoridade portugueza, que os fará julgar no seu districto; 8º Em todos os actos solemnes de successão de régulos será presente o residente chefe munido do acto de confirmação do successor passado pelo governador geral da província de Moçambique; 9º O regulo *Gungunhana* obrigará a sua gente a entregar-se á agricultura e ao aproveitamento de todos os productos indigenas que possam servir á industria ou ao commercio; 10º O regulo terá um séllo fornecido pelo governo portuguez, com o fim de tornar authentica qualquer ordem que expeça para os outros régulos ou qualquer communicação para as autoridades portuguezas; 11º Todos os súbditos portuguezes transitarão livremente pelas terras do regulo *Gungunhana* e similhantemente todos os naturaes d'estas terras poderão transitar

Reino de Gaza 141

pelas terras dos districtos governados por auctoridades portuguezas; 12° Sómente aquelles indivíduos que se destinarem á caça dos elephantes terão de obter previa licença das auctoridades depedendentes do regulo *Gungunhanc* e auctorisação do residente chefe; 13° O regulo *Gungunhana* permitirá a exploração de minas e de outros productos do paiz aos indivíduos que para esse fim tiverem obtido concessão do governo portuguez, e a elle se apresentarem com os presentes correspondentes e usuaes; 14° O regulo *Gungunhana* facilitará por todos os modos a exploração e estudo de todos os rics, montanhas e lagos que o governo portuguez julgar necessários para estudo chorographico do paiz; 15° Sendo o intuito principal d'este acto de vassalagem o chamar pouco a pouco á civilisação os povos sobre que tem jurisdicção o regulo *Gungunhana*, este fica obrigado a proteger a fundação das escolas e missões religiosas que o governo portuguez quizer estabelecer, fornecendo gente e materiaes para a construcção dos edifícios que taes estabelecimentos reclamarem, mediante a respectiva remuneração; 16° O regulo *Gungunhana* terá a graduação, por decreto real, de coronel de segunda linha; 17° Por proposta do referido regulo, com intervenção do primeiro residente-chefe, poderá o governador geral da província de Moçambique conceder as honras de capitão de segunda linha aos dois principaes secretarios do mencionado regulo, honras que perderão com a destituição do seu cargo.[34]

Gerhard Liesegang fez uma leitura pormenorizada, em *Vassalagem ou Tratado de Amizade: história do Acto de Vassalagem de Ngungunyane nas relações externas de*

---

34 *loc. cit.* De acordo com Maria da Conceição Vilhena, Matanda-Encoce e Mapinda "chegaram a Lisboa em setembro desse ano de 1885; e, a 18, o rei recebeu-os no Paço da Ajuda. A 12 de outubro, a embaixada é recebida no Ministério, onde se assina um Tratado de Vassalagem...". Maria da Conceição Vilhena, *Grandeza e decadência de um Império Africano*. Lisboa: Edições Colibri, 1999, p. 38. "...Agostinho Coelho foi encarregado, em Portaria de 9 de setembro (1885), de regular os termos e condições da renovação do tratado de vassalagem prestado pelo antecessor do Gungunhana em 2 de dezembro de 1861, figurando Alegria Rodrigues como delegado do regulo e os enviados como testemunhas da delegação de faculdades áquelle dadas pelo mesmo regulo para prestar vassalagem em seu nome." Arquivo Histórico Ultramarino/Sala de Leitura Geral/Caixa SEMU/Direção Geral do Ultramar/ 1ª Repartição/ Moçambique/1886/AHU-ACL-SEMU-DGU/n° de ordem: 1329/Pasta 8.

Gaza, das bases apresentadas por Casaleiro d'Alegria e da versão final aprovada, comparando-os e concluindo que, em relação à proposta elaborada em Moçambique, o Ato de Vassalagem se mostrava acentuadamente desvantajoso para o Reino de Gaza.[35]

Ao retomar a redação dos títulos com que se iniciavam os documentos e os distinguiam, "Apontamento para as bases do tractado de vassalagem, amizade e commercio, do regulo Gungunhana, sucessor do Musilla, com o governo portugues" e "Condições do Acto de Vassalagem do Regulo Gungunhana á Coroa Portugueza", o autor percebeu que, enquanto Casaleiro d'Alegria estabelecia as bases para um Tratado de Vassalagem, "Amizade e Comércio", em Portugal, ao suprimir as duas últimas expressões, eliminava-se toda e qualquer interpretação voltada para a ideia de troca e reciprocidade, para reafirmá-lo como um ato, sobretudo, de sujeição, submissão e obediência.[36] E, avaliando a questão, dizia não acreditar que "tivesse havido uma tentativa premeditada de 'enganar', como num grande número de 'vassalagens' feitas na altura da corrida para África."[37]

A ideia de uma "tentativa premeditada de 'enganar'" é questionável, pois supõe europeus "astutos" capazes de iludir africanos, suficientemente ingênuos, com falsas verdades. Mas a análise de Liesegang, de que dois textos completamente distintos foram elaborados permanece válida:

> em fevereiro de 1885, Casaleiro d'Alegria tinha sido enviado para negociar um tratado de "amizade e paz" mas, em Lisboa, redigiu-se um tratado modelado a partir de um documento de vassalagem de 1861, que tinha surgido em circunstâncias algo duvidosas e que, durante o reinado de Muzila, não gozava de aceitação geral e não tinha influência nas relações existentes.[38]

É a passagem seguinte, no entanto, que permite uma reflexão com base em novas considerações:"Casaleiro Rodrigues deve ter-se curvado face aos interesses do imperialismo, não tendo visto, talvez, outra alternativa para si, nem para as relações entre Gaza

---

35 Liesegang, *loc. cit.*

36 *Ibidem*, p. 16.

37 *Ibidem*, p. 26.

38 Liesegang, *loc. cit.*

e Portugal." Embora sem desenvolver a ideia, a referência de Liesegang aos "interesses do imperialismo" associava os apontamentos e o ato de vassalagem a um processo mais amplo de desenvolvimento do processo histórico em que ambos os documentos remetiam não apenas a duas versões de um mesmo projeto, mas a concepções distintas quanto à forma de se manter o contato entre as autoridades portuguesas e o soberano nguni e de se estabelecer um domínio sobre o Reino de Gaza.

No documento escrito por Casaleiro d'Alegria, o acento recaía sobre os direitos de soberania que Gungunhana reconhecia a Portugal (e concedia à "nação portuguesa") das terras que seu pai governava, e que "elle (...) hoje governa", assim como a qualquer terreno que no futuro viesse a "conquistar ao gentio não avassalado." Nesse contexto, os apontamentos se fundavam sobre a concessão do direito de soberania, no sentido de dispor e conferir ao Governo Português o poder e a autoridade sobre o território do Reino de Gaza, de modo que Gungunhana passasse a gravitar no seu entorno, atuando a partir de autorizações prévias e de intermediários, ainda que mantido no governo das terras.

Como documento a servir de prova às demais nações europeias de que essa era uma posse portuguesa efetiva, no entanto, não eliminava de todo a figura representativa de Gungunhana como centro de poder em Gaza, nem sugeria um domínio completo de suas terras, uma vez que lhe reservava direitos como fazer guerra a povoações não avassaladas e expandir seu território, ainda que Casaleiro marcasse no texto a necessária consulta ao governo português, e por pressupor, sobretudo, um Tratado de "Amizade e Comércio". Nesse sentido, o "Acto de Vassalagem" firmado em 12 de outubro de 1885 se mostrava muito mais persuasivo e convincente em passagens que reduziam Gungunhana à obediência "às leis e ordens (...) transmitidas pelo Governo Geral da Provincia de Moçambique, ou pelos agentes subordinados a esta auctoridade" e o submetiam à tutela de "um delegado do governo portuguez, denominado residente-chefe" que o aconselharia "na fórma de administrar o paiz, e na resolução das questões que porventura se levantem entre a sua gente e os subditos portuguezes".

Assim, os documentos seguiam caminhos distintos, ainda que buscassem alienar a soberania. É possível que nos apontamentos de Casaleiro d'Alegria influísse não apenas sua experiência como funcionário na alfândega de Angoche, mas de comerciante que durante anos negociou nas terras de Muzila, de modo que, para garantir a viabilidade do Tratado, admitisse a sobrevivência de práticas que, em Gaza, insinuavam um Gungunhana capaz de agregar forças e fazer obedecer, mas que, de toda forma, reconhecia a sua submissão ao rei de Portugal. Em Lisboa, por outro lado, o olhar voltava-se para a Europa e para a necessidade em se elaborar um documento que reafirmasse o poder português em submeter, em reduzir à obediência e comprovar que aquela era uma posse efetiva e um domínio já formalizado.

Na bibliografia sobre o tema, o Ato de Vassalagem de 1885 é tratado, em geral, como evento isolado e documento meramente formal, só esporadicamente resgatado na memória dos anos pelas autoridades portuguesas. A interpretação mais recorrente e dominante atribui essa pouca (ou nenhuma) influência, por um lado, ao desrespeito sistemático de Gungunhana em relação ao compromisso assumido e, por outro, à pouca disposição de Portugal em fazê-lo cumprir. Mas, a documentação da época permite identificar outra dinâmica nos anos que se seguiram àquele outubro de 1885. Em particular, um relatório com data de 6 de junho de 1886, escrito pelo secretário geral da província em "expedição ás terras de Gaza"; telegramas expedidos por diversas autoridades portuguesas em Moçambique e pelo Ministério da Marinha e Ultramar em 1890; uma carta de 19 de maio de 1890 escrita pelo governador geral ao Ministro da Marinha e Ultramar e uma carta do Intendente Geral dos Negócios Indígenas em Gaza em 20 de fevereiro de 1891.

Em 9 de outubro de 1885, ainda em Lisboa com a "embaixada", Casaleiro d'Alegria foi nomeado "residente português em Gaza" pelo ministro da Marinha e Ultramar, Manuel Pinheiro Chagas. De volta à província de Moçambique, organizou uma expedição às terras de Gungunhana, acompanhado por José Joaquim d'Almeida, secretario geral do Governo, que Augusto de Castilho, governador geral em Moçambique, designou para dar-lhe posse do novo cargo e instar com o sucessor de Muzila o cumprimento do Ato de Vassalagem.

Os encontros aconteceram por volta do dia 20 de maio de 1886 na povoação de Gungunhana, Mossurize, que José d'Almeida narrou em relatório, com data de 6 de junho desse mesmo ano, ao governador geral. De acordo com o autor, as duas primeiras reuniões foram dedicadas a explicar-lhe o tratado, mas o resultado era motivo de lástima, pois, se os sacrifícios não estavam todos perdidos, significava ao menos que só "com um trabalho lento, com uma evolução vagarosa e com o decorrer de muito tempo é que algumas das condições do tratado virão a ser cumpridas, tirando Portugal o devido proveito d'ellas." Isso porque,

Por em quanto, nem um palmo de terra está disposto a ceder-nos o successor do Muzila e pelo contrario, insiste em affirmar que lhe pertencem os nossos prazos do Bangué, na foz do Pungué, e Chupanga, no Zambeze, cujo inteiro senhorio reclama; assim como a restituição do territorio do Binguana, regulo que ultimamente se nos foi avassallar a Inhambane e lhe era tributario até então. (...) A mais forte argumentação empregada para o convencer a desistir de taes pretenções tem sido infructifera, respondendo sempre, quando n'esto se lhe falta e se lhe diz que com ellas vae de encontro ao tratado = <u>tal papel não é boa couza se me quer pescar as terras</u> (...) Confessa estimar o Senhor Casaleiro, a quem chama pae, e certifica havel-o auctorisado a elaborar o tratado nos termos em que se encontra; mas diz positivamente que não nos póde permittir a exploração das minas de Manica, porque receia que ahi nos estabeleçamos; que já no <u>Inhafóco</u> (Inhambane) lhe tiramos territorios depois de ter mandado a Lisboa fazer o contrato e por isso somos capazes de lhe fazer o mesmo n'aquella região (...) A bandeira nacional ainda não foi tambem erguida na povoação do regulo, apezar de termos insistido, eu e o Residente, vigorosamente, para que o seja quanto antes (...) O que tudo isto nos força a reconhecer é que elle ou não percebeu bem o valor das negociações em que entrou com o Senhor Casaleiro, ou não esperava que d'ellas lhe pedissem cumprimento, como succedeu a seu pae com o tratado de mil oitocentos sessenta e um. (...) Por agora, do tratado, o que os grandes acceitam sem difficuldade são as condições II.III.XIII.XVI. e XVII., havendo ainda muitos que nem a III. acceitam!![39]

O documento é claramente dividido em duas partes. Na primeira, José d'Almeida descrevia todos os preparativos para a expedição "de oitocentos homens, coberta pela bandeira portugueza", destacando as "melhores disposições d'animo" em que havia rompido a marcha e também as dificuldades que encontraram no caminho, geradas, inclusive, pelo "falso boato de que estávamos cercados por numerosa força vatua que, provavelmente nos atacaria sobre a madrugada". Na segunda, o encontro

---

39 Arquivo Histórico Ultramarino/Sala de Leitura Geral/Caixa SEMU/Direção Geral do Ultramar/ 1ª Repartição/Moçambique/1886/AHU-ACL-SEMU-DGU/nº de ordem: 1329/Pasta 8. O grifo aparece no documento original.

146 Gabriela Aparecida dos Santos

ocupa todo o centro da narrativa, mas o trecho que marca a passagem entre esses dois momentos da viagem se refere a "explicação do tratado", que teria conduzido em duas entrevistas, a segunda, reproduzida acima.

Entre as várias possibilidades de emprego, "explicar" significa, sobretudo, "esclarecer", "elucidar" uma questão que, por pressuposto, não está ou não foi suficientemente compreendida. Na introdução do "Acto", a vassalagem é apresentada como sendo proposta "pelo mesmo regulo Gungunhana", mas as bases, de acordo com o próprio texto, foram estipuladas por Agostinho Coelho, José Casaleiro de Alegria Rodrigues, Matanda-Encoce, Mapinda e Caetano Xavier Diniz Junior.

Assim, é possível que, com "explicar", José d'Almeida se referisse à exposição pormenorizada dessas bases que, a princípio, Gungunhana desconhecia em sua versão final, pois haviam sido negociadas pela "embaixada" que enviou para representá-lo em Lisboa "n'uma das salas do ministerio da marinha e ultramar" em que não esteve. Nesse caso, a reação poderia ser de concordância, se as considerasse fiel ao sentido que atribuía à vassalagem, ou de desagrado, se a proposta e o documento final aprovado divergissem entre si, como parece ter ocorrido na passagem sobre o resultado das duas reuniões: "se elle não quer dizer que todos os sacrificios estão perdidos, significa, pelo menos, que só com um trabalho lento, com uma evolução vagarosa e com o decorrer de muito tempo é que algumas das condições do tratado virão a ser cumpridas...".

No texto, José d'Almeida levantou hipóteses que explicariam o ânimo de Gungunhana em relação ao que lhe apresentava: ou "não percebeu bem o valor das negociações em que entrou com o Senhor Casaleiro, ou não esperava que d'ellas lhe pedissem cumprimento, como succedeu a seu pae com o tratado de mil oitocentos sessenta e um". Seguindo o mesmo raciocínio, no entanto, é possível inverter a leitura, concluindo que os portugueses não percebiam bem "o valor das negociações" com Gungunhana, inferindo que por vassalagem obteriam um controle efetivo de suas terras.

Nesse contexto, é particularmente significativa a resposta de que *tal papel não é boa couza se me quer pescar as terras*[40], pois sugere que, em momento algum nas negociações com Casaleiro d'Alegria, esteve disposto a cedê-las a Portugal, nem mesmo "um palmo", como dizia José d'Almeida e, por isso, a insistência não apenas em reclamar a posse dos "prazos do Bangué, na foz do Pungué, e Chupanga, no Zambeze" e a restituição "do territorio do Binguana, regulo que ultimamente se nos

40 Grifo do autor

Reino de Gaza   147

foi avassallar a Inhambane e lhe era tributario até então", mas em se opor à exploração das minas de Manica, com receio de que "ahi nos estabeleçamos". A queixa de que "lhe tiramos territorios depois de ter mandado a Lisboa fazer o contrato" reforça essa compreensão de vassalagem e influência sobre as terras do Reino de Gaza como práticas distintas e dissociadas, pois soa como se percebesse traído e prejudicado por um acordo que havia negociado, mas que não esperava conduzir à perda de um território que considerava lhe pertencer.

Em época marcada pelo acondicionar o africano em espaço resguardado pela barbárie, no entanto, a alegada falta de compromisso e palavra era considerada inata a sua índole e feição ardilosas, de modo que a segunda interpretação, a de que "não esperava que d'ellas lhe pedissem cumprimento, como succedeu a seu pae com o tratado de mil oitocentos sessenta e um", se manteve como a mais recorrente nos documentos escritos nos anos seguintes. A passagem denotava ainda não apenas uma intenção em fazer cumprir o Ato de Vassalagem, mas um sentido que resvalava em certo propósito de intimidar, apesar do verbo "pedir" envolvendo a ação, pois o texto estabelecia um vínculo que, ao mesmo tempo em que aproximava, afastava os eventos de 1861 e o de 1835: lá, não "quisemos ou não soubemos fazer cumprir", mas hoje, apesar de todas as expectativas em contrário, "levaremos a efeito".

Por enquanto, as "condições" conquistadas se limitavam a II, III, XIII, XVI e XVII que, na prática comportavam-se muito mais como "concessões" do que exigências. Enquanto as duas últimas correspondiam à atribuição da patente de coronel de segunda linha a Gungunhana e de capitão de segunda linha a seus "dois principaes secretarios", a décima terceira condicionava a exploração de minas, com exceção de Manica – o interesse português maior, mas vetada pelo sucessor de Muzila –, "e de outros productos do paiz" aos "presentes correspondentes e usuaes".

A primeira tinha um efeito praticamente nulo, pois em nada alterava, correspondendo ao reconhecimento de que o território sobre o qual Gungunhana exercia jurisdição correspondia àquele que seu pai tinha domínio, o que a sucessão por si só já se encarregara de fazer, embora o "garantido" reanimasse uma memória embotada pelo tempo, mas capaz de marcar simbolicamente aquela posse como assegurada (e dependente) com ajuda portuguesa. A terceira era apresentada por José d'Almeida em meio ao exaspero com que concluía o relato sobre o encontro, em função das tantas e sucessivas negativas e restrições com que havia se deparado: "Por agora, do tratado, o que os grandes acceitam sem difficuldade são as condições II. III. XIII. XVI. e XVII., havendo ainda muitos que nem a III. acceitam!!" e que equivalia ao manifesto intento português em submeter ao controle e intervir nas terras de Gaza: "Junto ao regulo Gungunhana haverá um delegado do governo portuguez, denominado residente-chefe, para o aconselhar na fórma de administrar o paiz, e na resolução das questões que porventura se levantem entre a sua gente e os subditos portuguezes."

Essa não era uma recusa menor ou sem importância, mas a expressão de que se rejeitava e se rechaçava o exercício de um poder estranho e a submissão a uma autoridade de fora, comprometendo todo o primeiro item, por sinal, ausente na relação de José d'Almeida daqueles que haviam sido aceitos – a de que

> O regulo Gungunhana, por si e seus successores, faz acto de vassallagem ao Rei de Portugal e de obediencia ás leis e ordens que lhe forem transmitidas pelo governador geral da província de Moçambique, ou pelos agentes subordinados a esta auctoridade, commettendo-se a não consentir em seu território o dominio de qualquer outra nação.

O domínio, portanto, não estava assente e a bandeira, com toda a sua força simbólica de união e comunhão de ideais e interesses, não pôde ser arvorada, como o autor informava com apreensão: "A bandeira nacional ainda não foi tambem erguida na povoação do regulo, apezar de termos insistido, eu e o Residente, vigorosamente, para que o seja quanto antes".

A dificuldade em garantir que fosse e se mantivesse hasteada nos territórios de Gungunhana parece ter se prolongado nos anos seguintes, apesar de algumas autoridades portuguesas se referirem, em passagens breves, e de regozijo, que o pavilhão reinava serenamente nas terras de Gaza.[41] Mas essa era uma característica

---

41 "Ilustrissimo e Excellentissimo Senhor. Já tive a honra de communicar a Vossa Excellencia que o secretario geral José Joaquim d'Almeida havia chegado aqui, de volta do paiz de Gaza, a 22 de julho, accrescentando em telegramma de 10 do mesmo mez que a bandeira portugueza fôra arvorada na povoação do regulo Gungunhana em 17 de junho...". Carta do governador geral, Augusto de Castilho, ao Ministro da Marinha e Ultramar em 20 de setembro de 1886. Arquivo Histórico Ultramarino/Sala de Leitura Geral/ Caixa SEMU/Direção Geral do Ultramar/1ª Repartição/Moçambique/1886/AHU-ACL-SEMU-DGU/Nº de ordem:1329/Pasta 8. "Como Vossa Excellencia perfeitamente sabe, só desde maio de 1886 é que temos um residente no Mussurize, e só desde então é que data o estreitamento das nossas

compartilhada por muitos documentos que, à primeira vista, tendiam a conduzir a uma leitura do período como de domínio ascendente e livre de tensões, numa espécie de projeção no discurso do que se buscava almejar na prática e que nem sempre se obtinha. Assim, em ofício que acompanhava e apresentava o relatório de José d'Almeida ao ministro da Marinha e Ultramar, o governador geral, Augusto de Castilho, destacava, "com a maior satisfação, (...) que a expedição portugueza ás terras de Gaza ali chegou no dia 17 do mez próximo findo sendo recebida pelo regulo Gungunhana com demonstrações de muito affecto e submissão ao Governo de Sua Magestade...", embora o relato indicasse o contrário.[42]

Dessa forma, transpostas as primeiras referências documentais, é possível identificar que, sobretudo em 1890, a bandeira portuguesa não estava ainda definitivamente estabelecida nas terras do Reino de Gaza, como sugeria um telegrama enviado por José d'Almeida em 1890 ao Ministério da Marinha e Ultramar em que se referia à possibilidade de se "perder Gaza" para a Inglaterra:

> Lourenço Marques 28 abril 1890. Director geral ultramar. Lisboa. Cheguei; tenho informação Gungunhana mandou Inglaterra dois embaixadores offerecer vassalagem; reputo urgente minha partida sertão seguindo d'aqui caminho mais curto para conjurar risco perder Gaza...[43]

---

relações com os vatuas. Nos dois annos que decorrem desde essa epocha até hoje, não pouco se tem já feito e conseguido, e o muito que ainda precisamos de obter, obtel-o-hemos, por certo, se continuarmos com prudencia a ir preparando para isso a indispensavel evolução. Hoje transita-se no vasto territorio de Gaza com mais segurança do que no continente fronteiro a esta ilha; hoje o negociante sertanejo mette-se ali no matto com valiosas facturas de fazendas, sem receio de ser roubado ou offendido, hoje encontra-se a nossa bandeira desfraldada pelos sertões a dentro onde, pelas armas, muito difficilmente poderiamos ter ido arvoral-a...". Carta do secretário geral do governo da província de Moçambique ao Ministro da Marinha e Ultramar em 20 de julho de 1888. Arquivo Histórico Ultramarino/Sala de Leitura Geral/Caixa SEMU/Direção Geral do Ultramar/1ª Repartição/Moçambique/1888/AHU-ACL-SEMU-DGU/Nº de ordem:1331/Pasta 10.

42 Arquivo Histórico Ultramarino/Sala de Leitura Geral/ Caixa SEMU/Direção Geral do Ultramar/1ª Repartição/Moçambique/1886/AHU-ACL-SEMU-DGU/Nº de ordem:1329/Pasta 8.

43 Arquivo Histórico Ultramarino/Sala de Leitura Geral/ Caixa SEMU/Direção Geral do Ultramar/1ª Repartição/Moçambique/1890/AHU-ACL-SEMU-DGU/Nº de ordem:1333/Pasta 12.

Nesse ano, os telegramas sobrepujaram as cartas e os longos relatórios que informavam sobre a província, denunciando a profunda agitação em que se enredavam as autoridades portuguesas em Moçambique provocada pelo *Ultimatum* e pelo crescente interesse britânico pela região.

Em 1887, o ministro dos Negócios Estrangeiros, Henrique Barros Gomes, apresentou à Câmara dos Deputados um mapa da "África Meridional Portuguesa", datado de 1886, que unia Angola e Moçambique e formalizava a pretensão de Portugal em criar uma única colônia que se estendesse da "costa (Angola) à contra-costa (Moçambique)".[44] Nesse sentido, entre 1888 e 1889 se organizaram diversas expedições, encarregando-se o major Serpa Pinto de percorrer e estudar o território onde se viria a construir um caminho-de-ferro ligando o lago Niassa à costa oriental. Mas a descoberta de diamantes em Kimberley, na então União Sul Africana, por volta de 1866, fez de Moçambique, e em especial o sul, uma área de grande importância para a Inglaterra. Além da imigração de trabalhadores para as minas da qual dependia em grande medida a própria economia de Moçambique, a estrada de ferro Transvaal-Lourenço Marques (construída, com interrupções, a partir da assinatura de um tratado estabelecido entre Portugal e Inglaterra em 1879) era a principal saída marítima da região, de modo que também o expansionismo britânico incluía Moçambique em seu projeto de ligar numa rota contínua o Cairo à Colônia do Cabo, na África do Sul.[45] O conflito entre os projetos português e britânico teve seu auge no *Ultimatum* que a Inglaterra dirigiu a Portugal em 11 de janeiro de 1890 e que se tratava, antes de tudo,

> de forçar a retirada da expedição que, sob o comando de Serpa Pinto, subia o rio Chire, em direção ao Lago Niassa – uma zona sensível, cuja soberania

---

44 "Como a totalidade dessas possessões se achava colorida em tom rosado, o mapa passou à história com o nome de 'Mapa cor-de-rosa'." Marques, *op. cit.,* p. 206. Era esse o título, "Da costa à contra-costa", do relatório apresentado por Capelo, Ivens e Pinto em 1886 sobre as viagens que haviam realizado.

45 Nas palavras de José Mattoso, "do porto de Lourenço Marques parecia depender o sul da África do Sul: ou um império inglês com alguns Estados-satélites ou, ao contrário, uma multiplicidade de Estados independentes, com o predomínio para as repúblicas bôeres, ajudadas pela Alemanha". Matoso, *op. cit.,* p. 45. Durante o período colonial, a economia moçambicana esteve dependente do dinheiro enviado por esses trabalhadores para Moçambique e das tarifas alfandegárias cobradas pelo uso, por parte da África do Sul, da estrada de ferro Transvaal-Lourenço Marques que cortava o sul de Moçambique.

Portugal reclamava, mas onde estavam já estabelecidas várias missões escocesas, que não desejavam vê-la implantada na região. É o conflito de Serpa Pinto com os macololos (um povo, alegadamente sob proteção britânica, que pretendera opor-se à sua passagem), que dá pretexto à nota inglesa. Mas esta visa igualmente um objetivo mais vasto – o de paralisar a ação de várias expedições portuguesas ao interior do continente, determinadas em 1888 pelo governo de Lisboa[46]

Face à ameaça de guerra, o governo submeteu-se e mandou evacuar os territórios em questão dentro do prazo estipulado pelo *Ultimatum*.[47] De acordo com Valentim Alexandre, o incidente, no entanto, provocou em Portugal um forte abalo que sacudiu e marcou profundamente o país,

> como se as paixões nacionalistas, alimentadas por mais de uma década de frustrações e humilhações no campo colonial, verdadeiras ou supostas, tivessem de súbito explodido, reunindo num mesmo movimento os sentimentos antibritânicos, muito difundidos, e o impulso expansionista.

---

46 Alexandre, *op. cit.*, p. 147. O Ultimatum consistiu na seguinte representação: "O Governo de Sua Magestade Britânica não pode aceitar, como satisfatórias ou suficientes, as seguranças dadas pelo Governo Português, tais como as interpreta. O Cônsul interino de Sua Majestade em Moçambique telegrafou, citando o próprio major Serpa Pinto, que a expedição estava ainda ocupando o Chire, e que Katunga e outros lugares mais no território dos Makololos iam ser fortificados e receberiam guarnições. O que o Governo de Sua Majestade deseja e em que mais insiste é no seguinte: Que se enviem ao governador de Moçambique instruções telegráficas imediatas para que todas e quaisquer forças militares portuguesas actualmente no Chire e nos países dos Makololos e Mashonas se retirem. O Governo de Sua Majestade entende que, sem isto, as seguranças dadas pelo Governo Português são ilusórias. Mr. Petre ver-se-á obrigado, à vista das suas instruções, a deixar imediatamente Lisboa, com todos os membros da sua legação, se uma resposta satisfatória à precedente intimação não for por ele recebida esta tarde; e o navio de Sua Majestade, Enchantress, está em Vigo esperando as suas ordens. Legação Britânica, 11 de janeiro de 1890." Marques, *op. cit.*, p. 208.

47 Marques, *op. cit.*, p. 207-208.

Gabriela Aparecida dos Santos

E contribuiu decisivamente, no plano ideológico, para a sacralização do Império:

> já atuante, mas por vezes contestado, nas décadas anteriores, o mito da herança sagrada ganhou agora um predomínio avassalador, derrotando em definitivo as correntes mais pragmáticas que aceitavam a recomposição e mesmo a redução do território imperial (...) Doravante, o domínio colonial era intangível.[48]

Nesse contexto, com o fim do projeto expansionista do mapa cor-de-rosa, as ações se voltaram para a ocupação das antigas colônias, mas, em Moçambique, os portugueses se deparavam com o poder de Gungunhana e a ameaçadora presença de ingleses nas suas terras. No documento que expediu ao Ministério da Marinha e Ultramar, José d'Almeida se referia ao envio de "dois embaixadores" enviados à Inglaterra para "offerecer vassalagem". A notícia gerou apreensão e uma viagem, que reputava urgente, ao centro do Reino de Gaza, na expectativa de influir no ânimo do soberano nguni e obstar essa aproximação.

Em 4 de julho de 1890, já depois de ter partido, José d'Almeida informava ao Ministro da Marinha que se encontrava junto a Gungunhana, mas que lá estavam também três ingleses que "conspiram contra nós". Embora ameaçasse prendê-los, caso persistissem no intento em chamá-lo à influência britânica, o acento da mensagem recaía na escassez de presentes, que já havia distribuído sem, contudo, "contemplar membros conselho regulo", e nas novas requisições que nesse sentido encaminhava, por um enviado seu, ao governador de Lourenço Marques, destacando da mesma forma o "espirito vatuas oscillante".[49]

A insistência de José d'Almeida em levar presentes para o encontro com Gungunhana se mostrou recorrente nos vários telegramas que expediu e, em especial, um "material" que havia requisitado a Lisboa em caráter de urgência. As mensagens seguintes só vagamente informavam sobre o assunto, mas em carta que escreveu em 7 de maio de 1890 ao ministro da Marinha e Ultramar, o governador geral, João António Brissac das Neves Ferreira, refletia sobre a natureza e a conveniência da oferta:

---

48 Alexandre, *op. cit.*, p. 117.

49 Arquivo Histórico Ultramarino/Sala de Leitura Geral/ Caixa SEMU/Direção Geral do Ultramar/1ª Repartição/Moçambique/1890/AHU-ACL-SEMU-DGU/Nº de ordem:1333/Pasta 12.

> Ilustrissimo e Excellentissimo Senhor (...) não desejo deixar de informar a Vossa Excellencia que me foi para aqui enviado pelo nosso consul em Zanzibar um rico presente (um costume completo de arabe) destinado segundo depois sube por telegramma ao regulo de Gaza. (...) Mas o Gungunhana Excellentissimo Senhor não é Arabe é coronel honorario do exercito de Portugal ou cousa parecida, em Gaza, agora no Bilene, não ha que eu saiba bailes de mascaras, de sorte que o Gungunhana se verá realmente embaraçado para usar de um presente com o que o estado despendeu perto de 700$000 reis (...) Uma das cousas que seria util mandar ao Gungunhana seria photographias dos principaes monumentos de Portugal especialmente palacios reaes, para elle se convencer melhor da grandeza do Rei de Portugal, (...) por elle fará idéa das casas em que vive o Rei de Portugal, photographias de grandes massas de tropa para elle tambem se impressionar com a força militar de Portugal, Photographias dos coches e carruagens reaes para elle tambem vêr em que especie de *tipoias* se transporta o Rei de Portugal, e creio que com tudo isso se conseguiria fazer alguma impressão no animo do Regulo, sobre tudo se a pessôa encarregada de lhe apresentar as photographias soubesse bem fazer os devidos commentarios[50]

No texto, em meio à crise desencadeada pela presença de ingleses nas terras de Gaza e por notícias que asseguravam o envio de "dois embaixadores" designados pelo soberano nguni à Inglaterra, o documento apresentava estratégias distintas a serem seguidas, embora se dedicassem ao mesmo propósito. Para o governador geral, o presente se mostrava impróprio, pois "o Gungunhana Excellentissimo Senhor não é Árabe". Mas é muito pouco provável que José d'Almeida se enganasse a esse respeito, pois acompanhava de perto o desenvolvimento da relação entre Portugal e Reino de Gaza, tendo participado pessoalmente da expedição organizada em 1886 para dar posse a Casaleiro d'Alegria como residente chefe. Nesse contexto, o mais provável é que, de alguma forma, entendia que o "rico presente" seria capaz de agradar Gungunhana e

---

50 *loc. cit.*

persuadi-lo do apreço e estima em que era tido pelo rei português, contrabalançando as ofertas de apoio que lhe faziam os ingleses. João António Brissac das Neves Ferreira, por sua vez, acreditava que o melhor (e menos dispendioso para os cofres públicos) seriam "photographias dos principaes monumentos de Portugal especialmente palacios reaes" que pudessem, sobretudo, impressioná-lo e convencê-lo "da grandeza do Rei de Portugal".

Ambas as propostas, apesar de diferirem entre si, se esforçavam para atrair Gungunhana ao domínio português e afastá-lo do manifesto interesse inglês. Ao mesmo tempo, revelava um soberano nguni particularmente pouco impressionado com a alegada "grandeza do Rei de Portugal" e sua "força militar", pois, em contrário, a preocupação do governador geral se mostraria improcedente e não tema de correspondência ao ministro da Marinha e Ultramar. E um domínio português fragilizado, à procura de um meio que permitisse influir nas terras de Gaza, e dependente de um poder reconhecido por portugueses e ingleses.

A princípio, o presente foi entregue por José d'Almeida que a ele não mais se referiu depois de infomado pelo governador geral que, por Lourenço Marques, lhe fariam chegar às mãos. E, por isso, não é possível medir o quanto serviu ao propósito que buscava alcançar, mas informava em telegrama de 4 de agosto de 1890, de toda forma, que a bandeira havia sido erguida na povoação de Gungunhana e em 6 de setembro desse mesmo ano que, já em Lourenço Marques, havia "vencido sem conflictos todas intrigas estranhas deixando nosso dominio perduravelmente ficado Gaza."[51]

Em 20 de fevereiro de 1891, no entanto, em carta ao intendente de Negócios Indígenas no Bilene, José Casaleiro d'Alegria Rodrigues, mas agora como intendente geral,[52] José d'Almeida comunicava, "tendo chegado n'este instante ao meu

---

51 *loc. cit.*

52 "...Hei por bem decretar o seguinte: Artigo 1º Nas terras de Gaza, na provincia de Moçambique haverá um intendente geral de negocios indigenas, a quem incumbirá a direcção administrativa e politica de todo o paiz por ellas constituido. § 1º Subordinado a este intendente geral haverá seis intendentes, denominados intendentes de negocios indigenas. (...) Art. 2º O intendente geral fixará a sua residencia na região do Quiteve, e no ponto que, de accordo com o governador geral da provincia, for julgado mais conveniente. (...) Art. 3º Os intendentes a que se refere o § 1º do artigo 1º terão respectivamente residencia em Bilene, Mossurize, Manica, Inhaoxe, Bandire e Alto Save, e a area de acção que lhes for designada pelo governo. (...) Art. 7º Ficam extinctos os cinco logares de residentes no paiz de Gaza, creados pela legislação vigente. (...) Paço em 7 de novembro de 1889. =REI= Frederico Ressano Garcia. (...) Attendendo ás circumstancias que concorrem em

conhecimento, por participação dos regulos Gungunhana e Huahiba, e ainda do subdito britannico Aurel Schultz", que um pequeno vapor inglês acabava de entrar no rio Limpopo, "conduzindo além d'alguns mantimentos destinados aos agentes estrangeiros que aqui se encontram, uma porção d'armas, e outros materiais de guerra com o qual o governo da Grã-Bretanha pretende presentear os vatuas".[53] A notícia foi recebida como assunto "importante e gravíssimo", embora o então governador do distrito de Lourenço Marques, Joaquim Mouzinho de Albuquerque, escrevesse ao ministro da Marinha e Ultramar, expondo que não lhe surpreendia o que o ofício de José d'Almeida dizia "sobre a attitude dos vatuas pois sempre considerei puramente illusorio a tão fallada influencia que o nosso Governo exerce no Gungunhana por intermédio do Senhor Intendente Geral dos Negócios Indigenas em Gaza."[54]

Diante da ameaça, mostrava-se necessário impedir o desembarque que "só significaria mais um enxovalho para a bandeira erguida no Moambaxua e mais uma prova do desprezo com que a Inglaterra trata os nossos direitos mais incontestáveis...".[55] Joaquim Mouzinho de Albuquerque expediu um ofício ao comandante da corveta "Affonso Albuquerque", requisitando-a com urgência para "desempenhar uma commissão de serviço ao rio Limpopo", até que o vapor "Mac-Mahon", esperado para alguns dias, chegasse. Mas o comandante, José Christiniano d'Almeida, respondeu que era "absolutamente impossível – n'esta occasião a Corveta desempenhar qualquer comissão", alegando que, por ordem superior, "o

---

José Cazaleiro da Alegria Rodrigues, actual residente chefe no paiz de Gaza na provincia de Moçambique: hei por bem nomeal o para o logar de Intendente de negocios indigenas no Bilene, creado por decreto com força de lei de 7 do corrente mez. (...) Attendendo ás circumstancias que concorrem em José Joaquim de Almeida, secretario geral do governo da provincia de Moçambique: hei por bem nomeal-o para o logar de intendente geral de negocios indigenas no paiz de Gaza na mesma provincia, creado por decreto com força de lei e 7 do corrente mez. O ministro e secretario d'estado dos negocios da marinha e ultramar assim o tenha entendido e faça executar. Paço, em 21 de novembro de 1890. =REI.= Frederico Ressano Garcia." Arquivo Histórico Ultramarino, *Boletim Oficial de Moçambique*, nº 5 (1890), p. 55-57.

53 Arquivo Histórico Ultramarino/Sala de Leitura Geral/ Caixa SEMU/Direção Geral do Ultramar/1ª Repartição/Moçambique/1891/AHU-ACL-SEMU-DGU/Nº de ordem:1333/Pasta 13.

54 *loc. cit.*

55 *loc. cit.*

navio do meu commando deve ir ao Cabo da Boa Esperança para ali proceder a beneficiações e reparações indispensáveis, – para o que espero pessoal".[56] Nesse contexto, e apesar dos esforços, as armas foram desembarcadas, mas o vapor inglês que as transportava – o "Countess of Carnavon" – veio a ser pouco depois apresado pelas autoridades portuguesas.[57]

Segundo ata lavrada pelo intendente dos negócios indígenas no Bilene, Ignacio de Paiva Rapozo, de sessão realizada a 6 de novembro de 1891 e convocada por Gungunhana, que havia solicitado a presença de representantes dos governos de Lourenço Marques e Inhambane "para ouvirem umas declarações que elle desejava fazer perante estes e os subditos britanico que acabavam de chegar de Londres com a embaixada que enviára aquella cidade", as armas haviam sido prometidas em nome da rainha da Inglaterra por um inglês chamado Schultz e seriam usadas para "repellir as aggressões de que estavam sendo alvo por parte dos regulos avassallados a Portugal", sem que, contudo, tivesse pedido "protecção ingleza".[58]

Aurel Schultz era delegado da British South African Company (BSAC) de Cecil Rhodes, uma companhia inglesa que em junho de 1890 iniciou um projeto de expansão e a quem Gungunhana, "mediante 500 libras por ano, 1000 espingardas e 20000 cartuchos", de acordo com Pélissier, "outorgou uma concessão mineira e concedeu à BSAC o acesso ao mar" a 5 de outubro desse mesmo ano.[59] A aproximação inglesa e a oferta de armas que foram aceitas ao soberano de um Reino africano que os portugueses há muito projetavam dominar provocou apreensão, que Pélissier incorporou em passagem na qual sua análise e a das autoridades portuguesas da época se confundem:

---

56 *loc. cit.*

57 Valentim Alexandre, "Nação e Império". In: Francisco Bethencourt, Kirti Chaudhuri, *História da expansão portuguesa*. Navarra: Círculo de Leitores, 1998, p. 183. Pélissier, *op. cit.*, p. 244.

58 Arquivo Histórico Ultramarino/ Sala de Leitura Geral/ Caixa SEMU/ Direção Geral do Ultramar/ 1ªRepartição/ Moçambique/ 1891/ AHU-ACL-SEMU-DGU/Nº de ordem:1333/Pasta 13.

59 Alexandre, *op. cit.*, p. 183. Pélissier, *op. cit.*, p. 244. "Tinha-se fundado em 1889 em território inglês, a ocidente da nossa colônia de Moçambique, uma companhia de poderes majestáticos denominada 'The British South África Company'...". Mário Augusto da Costa, *Do Zambeze ao Paralelo 22º: monografia do Território de Manica e Sofala sob a administração da Companhia de Moçambique*. Beira: Imprensa da Companhia de Moçambique, 1940, p. 11.

em fevereiro de 1891 (Rhodes) enviou um vapor para subir o Limpopo a fim de entregar as 1000 espingardas Martini-Henry prometidas e 1000 libras de ouro de brinde. Como se Gaza fosse um país independente! O dinheiro ainda passava, mas a doação das 1000 espingardas e dos 19000 cartuchos que as acompanhavam não podiam, evidentemente, ser tolerada por Mcçambique, pois era um flagrante convite para que o Gungunhana rejeitasse os Portugueses.[60]

E concluía, mais adiante, que

em termos vulgares, classificaríamos como oportunista a atitude do Gungunhana se não conhecêssemos as contraditórias pressões de que ele era objecto por parte não só dos Europeus como também dos membros da sua família e do seu círculo, que se inclivam ora para os Britânicos ora para cs Portugueses.[61]

A argumentação central que o tom de indignação – "Como se Gaza fosse um país independente!" – invocava e que "um flagrante convite para que o Gungunhana rejeitasse os Portugueses" completava se fundava na leitura do Ato de Vassalagem como documento válido, que reduzia o soberano nguni à submissão e dependência e transformava a Coroa Portuguesa em autoridade suprema, afinal, havia sido por ele confirmado "em pessoa" em maio de 1886.[62] Mas Gungunhana, em função de uma alegada habilidade em aproveitar as circunstâncias e guiar seu comportamento por interesses momentâneos, desrespeitava o compromisso firmado, negociando ao mesmo tempo com a Inglaterra e com Portugal, à procura apenas de um ganho próprio que pudesse obter.

A confirmação do Ato de Vassalagem por Gungunhana em maio de 1886, a que se referiu Pélissier como prova de que o soberano nguni descumpria a palavra dada ao aceitar a aproximação inglesa e as armas que lhe eram oferecidas, no entanto,

---

60 Pélissier, *op. cit.*, p. 244.

61 *Ibidem*, p. 245.

62 *Ibidem*, p. 242.

158   Gabriela Aparecida dos Santos

não havia se concretizado de fato. A expedição que José d'Almeida organizou em companhia de José Casaleiro d'Alegria com aproximadamente 800 homens se deslocou às terras de Gaza naquele mês, mas o resultado era motivo de lástima, como escrevia ao governador geral em 6 de junho de 1886: "só com um trabalho lento, com uma evolução vagarosa e com o decorrer de muito tempo é que algumas das condições do tratado virão a ser cumpridas, tirando Portugal o devido proveito d'ellas", destacando ainda que lhe havia sido dito que "tal papel não é boa couza se me quer pescar as terras". Nos anos seguintes, e apesar da autorização que Paiva de Andrada obteve para explorar as minas de Manica, o Ato de Vassalagem perdurou sem a necessária ratificação nguni e apenas como documento formal que projetava um domínio efetivo, mas que se mostrava incapaz de assegurá-lo.

Da mesma forma, a ata da sessão realizada a 6 de novembro de 1891, convocada por Gungunhana, sugere que a relação entre Portugal e Reino de Gaza marcava-se, sobretudo, por tensões e que a presença portuguesa era tida pelos ngunis como razão de grandes incômodos:

> Dando o regulo a palavra aos seus emissarios, fallou o Chiquixa e logo em seguida o Gui-Guio (...) referem-se ás nossas falsas promessas (...) á má recepção que foi feita pelos regulos de Inhambane durante a passagem dos vatuas por aquellas terras na sua marcha do Mussurise para aqui (...) e á maneira um pouco brusca como foram recebidos os seus enviados a Lourenço Marques N'Tonga e Maquehinane que se dirigiram ao chefe militar d'aquellas terras o tenente coronel Francisco Lopes Serra pedindo-lhe passagem para o local, onde se achava o Secretario (Conselheiro Almeida) os quaes apezar de terem levado duas pontas de marfim grosso para suas despezas d'aquella viagem, aquella auctoridade as tratou dando-lhes farello para comerem, negando-lhes a passagem e ficando com o marfim segundo elles dizem[63]

De acordo com Ignacio de Paiva Rapozo, intendente dos negócios indígenas no Bilene, Gungunhana repetiu a seguir "as declarações que seus indunas fizeram" e

---

63 Arquivo Histórico Ultramarino/Sala de Leitura Geral/ Caixa SEMU/Direção Geral do Ultramar/1ªRepartição/Moçambique/1891/AHU-ACL-SEMU-DGU/Nº de ordem:1333/Pasta 13. O grifo aparece no documento original.

afirmou que, "apezar de nós nada lhe offerecermos, de lhe estarmos constantemente tirando terras e gente e de lhe tratarmos mal o seu povo em quanto os inglezes lhe enchem de presentes e attenções elle será ate morrer vassallo do Rei de Portugal...".

É possível que, com essas palavras, o intendente geral dos negócios indígenas no Bilene concluísse que a vassalagem, apesar dos percalços dos últimos eventos, estava assegurada, visto a declaração do soberano nguni de que seria vassalo do Rei de Portugal "até morrer" havia se dado na presença de "súbditos britanicos", responsáveis pela viagem dos dois emissários enviados à Inglaterra em agradecimento à oferta de armas. Mas, a considerar como foram dispostas, revelam que Gungunhana mesmo em 1891 interpretava a vassalagem em sentido muito diverso ao prescrito pelo Ato em outubro de 1885, em especial, no que se referia à posse efetiva das terras em Gaza. A queixa de que lhe estariam constantemente tirando terras e gente já aparecia no relatório de José d'Almeida sobre o encontro em maio de 1886, ao lado da observação de que "por em quanto, nem um palmo de terra está disposto a ceder-nos" revelando um entendimento de que vassalagem e controle sobre seu território possuíam não apenas significados distintos, mas práticas dissociadas.

Assim, é possível que Gungunhana se considerasse de fato vassalo do Rei de Portugal, reconhecendo-lhe autoridade e concedendo áreas específicas do seu território para exploração, sem, contudo, renunciar à condição de soberano daquelas terras. E, por isso, mais do que um dever unilateral de submissão e obediência, a vassalagem implicaria num compromisso mútuo de respeito e deferência, que considerava violado pelas "aggressões de que estavam sendo alvo por parte dos regulos avassallados a Portugal", pela "má recepção" e "maneira um pouco brusca" e por "tratarmos mal o seu povo".

Nesse sentido, mais do que um instrumento de guerra, as armas podiam representar uma necessidade em reiterar sua autoridade e se firmar como poder supremo naquele território. Mas o contexto era marcado por disputas entre europeus e, armas aceitas, a British South África Company publicou dois tratados que teria celebrado com o soberano nguni do Reino de Gaza, um em outubro de 1890 e outro em 15 de novembro de 1891, nos quais concedia à referida Companhia "todo o seu paiz", embora Gungunhana desmentisse a versão, como informava Francisco d'Oliveira Braga, residente interino do Governo, a José Joaquim d'Almeida, agora secretário geral da Companhia de Moçambique em 20 de abril de 1894:

Cumpre-me informar a Vossa Excellencia que o Gungunhana declara ser falso ter feito qualquer tratado com a British South África Company. As armas, munições e 1000 libras que elle aqui recebeu, diz o Gungunhana, o seguinte: "Quando mudou para estas terras a sua corte, foi obrigado a bater o regulo Cepranhana, pela guerra que este lhe fazia. Depois d'isto quando o Cepranhana se achava já em Inhambane, constou-lhe que os portuguezes lhe queriam fazer guerra, por elle o ter batido, e elle Gungunhana em seguida, que mandara á Rainha d'Inglaterra contar-lhe o que lhe constava e perguntar-lhe se era verdade. Que a rainha d'Inglaterra lhe mandara dizer que a respeito de guerra nada sabia e que lhe mandava espingardas e munições para elle se defender. Que as 1000 libras suppoz também que fosse *saguate* da mesma rainha, as quaes conserva conforme lhe foram entregues e está prompto a restituil-as desde o momento em que os inglezes e boers evacuem as suas terras. Que não fazia guerra ás terras em questão, visto ser informado de que este negocio há de ser tratado pelo rei de Portugal e Rainha d'Inglaterra, limitando-se simplesmente a mandar 3 *indunas* acompanhados de 10 ou 12 rapazes para observarem o que os inglezes e bôeres lá fazem" [64]

---

64 Arquivo Nacional da Torre do Tombo/Cópia de Documentos Officiaes trocados entre a Companhia de Moçambique e o Governo de Sua Magestade de 5 de maio a 31 de dezembro de 1894/Livro 5804/Nº de ordem: 2989C. "...Paiva de Andrade não desanimou e, depois de grandes canseiras, conseguiu fundar uma nova emprêsa denominada 'Companhia do Ophir'. Mas, como da primeira das empresas citadas ('Société des Fondateurs de la Compagnie Générale du Zambéze'), a breve prazo os recursos desta estavam exauridos. Apesar dos dois fracassos sucessivos, Paiva de Andrade ainda não desistiu. Pensou, pelo contrário, numa outra organização mais forte; e, assim, em 1888, requeria ao Govêrno da metrópole diversas concessões para uma sociedade a designar de 'Companhia de Moçambique' (...) As concessões consistiam em privilégios de pesquisa, registo e lavra das minas existentes no distrito da Zambézia e de Sofala, exploração de pérolas existentes nos bancos da costa e ilhas, desde a foz do Zambeze ao cabo de S. Sebastião, e outros direitos. (...) Mas a forma mais hábil de obstar à expansão da companhia inglesa, que a leste não tinha limites definidos, era de conceder poderes idênticos, de carácter majestático, à companhia portuguesa. E, assim, o Governo da Metrópole publicava o decreto de 11 de fevereiro de 1891 em que á 'Companhia de Moçambique' eram dados poderes semelhantes aos que o Govêrno Inglês havia concedido á 'British South África Company'." Costa, *op. cit.*, p. 9-10.

Reino de Gaza   161

Em 12 de setembro desse mesmo ano, surgiram diversas notícias que informavam sobre um conflito entre africanos e portugueses, a que o governador do distrito de Lourenço Marques, João de Canto e Castro Silva Antunes, se referia como "os acontecimentos da Magaia":

> As 11 horas <u>pm</u> em 27 de agosto ultimo, havendo em audiencia do chefe militar da Terras da Corôa em Angôane sido os secretarios do regulo Mahazul da Magaia menos respeitosos e inconvenientes para aquella authoridade, quando faziam os seus depoimentos sobre um antigo milando d'este regulo com o Induna das suas terras Moveja e sabendo alem d'isso o referido chefe quanto era necessaria a sua captura por serem elles os principaes instigadores dos ultimos acontecimentos da Magaia e que como eu lhe havia dito, preciso era em momento opportuno effectuar as suas prisões, assim procedeu, sendo momentos depois libertados por outros indigenas facto completamente novo e que desagradavelmente surprehendeu aquella authoridade, mandando perseguir os fugitivos e insubordinados cafres, por os soldados que possuia, sendo n'essa occasião presos dois d'aquelles.[65]

De acordo com Pélissier, ao comandante militar das Terras da Coroa em Angôane se reservava a função, entre outras atribuições, de intervir e decidir sobre questões que surgiam entre autoridades africanas locais, como o da circunscrição da Magaia, Mahazul, que se considerava lesado "pelas sucessivas e contraditórias decisões dos comandantes, que apenas lhe tinham reconhecido dois terços de um regulado em litígio".[66] Em agosto, Mahazul não respondeu ao chamado do comandante militar de Angôane, enviando representantes que, "menos respeitosos e inconvenientes" e envolvidos nos "ultimos acontecimentos da Magaia", foram presos, mas fugiram logo em seguida.

A fuga foi interpretada como um sério desacato pelo governador do distrito de Lourenço Marques, agravado por informações que chegavam dando conta de que Mahazul havia sido procurado sem sucesso e que "andava reunindo a sua gente." Em carta que enviou a 3 de outubro de 1894, João de Canto e Castro participava ao

---

65 Arquivo Histórico Ultramarino/ Sala de Leitura Geral/ Caixa SEMU/ Direção Geral do Ultramar/ 1ªRepartição/ Moçambique/ 1893-1894/AHU-ACL-SEMU-DGU/ Nº de ordem:1336/Pasta 15.

66 Pélissier, *op. cit.*, p. 254-255.

diretor geral do ultramar que, entre as primeiras providencias tomadas, constava a formação de "mangas de cypaes com gente de outros regulos avassalados", projeto que logo abandonou, por temer que "ao desacato praticado á auctoridade succedesse um enorme desastre proveniente d'uma possível e provável colligação da maioria d'elles, motivada em grande parte pelo augmente do imposto de palhota que prestes ia ser cobrado".[67] Em vista dessas considerações, preferiu reunir a Junta Consultiva do Districto que, unânime, declarou "que se appellasse para a gente de Maputo para levar a effeito o castigo prometido". Pedida a necessária autorização ao governador geral para que se procedesse à mobilização, o governador destacava ainda "a alta conveniencia que ha para o nosso prestigio que seja para aqui mandado uma força d'artilheria de montanha e augmentado o effectivo da força europeia".[68]

Enquanto isso, ainda de acordo com Pélissier, as forças de Mahazul uniam-se às de Mamatibejana, de Zichacha, e em 1 de dezembro desse ano, Alfredo Ferreni informava de Inhambane ao governador geral que

> os revoltozos de Lourenço Marques tinham vindo a Manjacaze pedir a protecção do Gungunhana e prestar-lhe vassalagem; que o Gungunhana aceitara o preito, e declarara que ia mandar dizer a Lourenço Marques que a guerra feita aos revoltozos era o mesmo que feito a elle.[69]

Não era apenas a "rebeldia" de Mahazul, no entanto, que preocupava as autoridades portuguesas. Pela mesma época, surgiam notícias sobre a chegada de enviados de Cecil Rhodes às terras de Gaza e que Gungunhana reunia em torno de si um considerável número de pessoas, sem que se soubesse ao certo o motivo. Todas essas

---

67 Arquivo Histórico Ultramarino/Sala de Leitura Geral/ Caixa SEMU/Direção Geral do Ultramar/1ªRepartição/Moçambique/1893-1894/AHU-ACL-SEMU-DGU/Nº de ordem:1336/Pasta 15. "...A dificuldade provinha de que, na altura em que foi solicitado o concurso marcial dos contribuintes africanos, o imposto de palhota tinha sido aumentado de 900 para 1350 réis, pagáveis em libras esterlinas, ao passo que – e quando eram remunerados – os trabalhos efectuados pelos tsongas em Lourenço Marques e na via férrea eram pagos em moeda portuguesa." Pélissier, *op. cit.*, p. 256.

68 Arquivo Histórico Ultramarino/Sala de Leitura Geral/ Caixa SEMU/Direção Geral do Ultramar/1ªRepartição/Moçambique/1893-1894/AHU-ACL-SEMU-DGU/Nº de ordem:1336/Pasta 15.

69 *loc. cit.*

Reino de Gaza   163

incertezas causavam grandes constrangimentos nas autoridades portuguesas, como é possível perceber em carta de Alfredo Ferreni em novembro de 1894:

> Continuo a receber noticias tão confusas e contradictorias, que não sei o que devo fazer. Hoje, officios e notas urgentissimas dizendo que o Gungunhana reune a sua gente de guerra e julga-se que é para bater aos chopes d'Inhambane; no dia seguinte apparecem mais officios e notas urgentissimas, dizendo que a reunião das forças vatuas é para se celebrarem uma antiga cerimonia, e que o Gungunhana não fará guerra ao districto; dois dias mais, voltam a apparecer novas noticias officiaes dizendo que o Gungunhana está d'esta vez resolvido a bater o Zavalla e Guambás, e propondo o residente como unica medida de salvação o mandar uma comissão ao Gungunhana com um presente, e que os membros d'essa comissão fossem mais ou menos conhecidos do regulo vatua. Em seguida, quando tudo parecia estar serenado, surgem noticias de que 15000 vatuas seguiram para o norte, e a titulo de uma grande caçada iam atacar os Guambás e Mocumby. Em vista de tão contradictorias noticias tenho-me visto forçado a dar ordens e contra-ordens conforme as noticias officiaes de Gaza e de Chicómo eram melhores ou peores...[70]

Em meio à revolta que ameaçava se espalhar pelo sul da província de Moçambique, Antonio Ennes, comissário régio em Moçambique entre 1891 e 1892, foi designado pelo governo de Lisboa a voltar à província com a antiga função, "carregado com plenos poderes civis e militares para debellar uma insurreição triumphante".[71] Era o início da "campanha de 1895", que envolveu esforços concentrados e tropas enviadas de Portugal para Moçambique com o objetivo não apenas de "restabelecer a ordem e castigar a desordem", mas assegurar um domínio

> que não mais fosse ameaçado ou discutido, e, para isso, livral-o das contingências a que o trazia exposto o poderio do regulo de Gaza, vassallo meramente nominal, ambicioso insaciável, intrigante matreiro, que não nos amava

---

70 *loc. cit.*

71 Ennes, *op. cit.*, p. 1.

nem nos temia, e seria sempre um temeroso auxiliar offerecido a quem em-
prehendesse retalhar o patrimônio portuguez na África oriental.[72]

Nesse sentido, as tropas que vencessem Mahazul e Mamatibejana poderiam, "auxiliadas pela força moral da victoria e reforçadas por novos contingentes",

> arrancar vassalos mal contentes ao chamado *império vatua*, cercear-lhe o
> território, rodear o Manjacaze de postos fortificados, animar os inimigos
> do crudelíssimo filho do Muzilla a levantarem-se contra elle, impor ao
> potentado um *modus-vivendi* assegurado por constante vigilância arma-
> da, reduzil-o, em summa á posição correcta de súbdito, fiel por necessi-
> dade. Melhor seria, certamente, acabar com elle de vez, mas não devia
> se esperar tanto, pois que o protegia a immensidade do sertão ínvio, em
> que recebia verdadeiro culto pavido e supersticioso das populações em-
> brutecidas, e custaria o dar-lhe caça atravez de florestas e por cima de
> pântanos.[73] (grifos do autor)

Segundo Ennes, a estratégia militar a seguir foi definida ainda em Lisboa, com a presença dos ministros da Marinha e Guerra, em projeto semelhante àquele que Joaquim Mousinho de Albuquerque lhe enviou por escrito: a formação de "duas columnas de tropas européas, de cerca de 1200 homens cada uma, auxiliadas por indígenas", uma ao norte do distrito de Lourenço Marques e outra ao sul do de Inhambane, estabelecendo ainda nessas regiões postos militares fortificados, em posições estratégicas como Chicomo e Magul. Procurava-se, dessa forma, rodear Gungunhana "com uma cinta de postos fortificados, que a pouco e pouco se fos-sem apertando até garrotal-o" e evitar um ataque aberto que demandasse procurar as forças de Gaza "nas suas florestas, nos seus pantanos, em sertões sem agua ou alagados, onde o soldado branco seria vencido sem combater!"[74]

---

72 *Ibidem*, p. 7.

73 *Ibidem*, p. 8.

74 *Ibidem*, p. 14-15.

Reino de Gaza 165

A ofensiva se iniciou com vitória a 2 de fevereiro de 1895 em Marracuene e a 21 de junho José d'Almeida era enviado a Gungunhana para apresentar "as condições com que seria acceite a submissão":

> 1ª. O regulo Gungunhana entregará á auctoridade portugueza, para serem devidamente castigados, os régulos da Zichacha e da Magaia e os seus indunas que se acham nas terras em que elle exerce auctoridade. Se elles não estiverem já n'essas terras, cooperará para a sua captura pelos meios que forem indicados. 2ª. Sujeitará todas as terras em que exerce auctoridade ao pagamento do imposto de palhota, que fará cobrar por agentes seus sob a fiscalisação da auctoridade ou poderá resgatar por uma quantia fixa annual, não inferior a dez mil libras. As condições d'este pagamento serão estabelecidas circumstancialmente. 3ª. Não consentirá que nenhum commerciante se estabeleça nas terras em que exerce poder sem para isso ter obtido licença da auctoridade, e não se opporá a que qualquer individuo provido d'essa licença commercie livremente. 4ª. Não exigirá dos commerciantes e dos viajantes que se estabelecerem nas suas terras ou por ellas transitarem tributos ou presentes não consentidos pela auctoridade, e evitará cuidadosamente que elles sejam maltratados ou defraudados pelos indígenas. 5ª. Conservará sempre abertos e seguros os caminhos commerciaes que passarem pelas suas terras. 6ª. Mandara abrir por gente sua todas as estradas atravez das suas terras, que lhe forem indicadas pela auctoridade, e fornecerá trabalhadores, quando essa auctoridade lh'os exigir, para a construção de uma linha telegraphica que ligue Lourenço Marques com Inhambane. 7ª. Não fará concessões por titulo oneroso ou gratuito de terras, ou concessões para explorações industriaes de qualquer espécie, sem auctorisação do governo. 8ª. Todos os milandos que nas suas terras se suscitarem, em que seja parte um europeu ou asiático, serão julgados exclusivamente pela auctoridade para isso nomeada pelo governo. 9ª. O regulo reconhecerá o direito que tem o governo de estabelecer postos militares nas terras em que elle exerce auctoridade, bem como de fazer passar ou estacionar tropas n'essas terras; e respeitará e fará respeitar esses postos e aquellas tropas, fornecendo-lhes também os recursos e auxílios de que precisarem. 10ª. Não fará guerra

a régulos e povos que a coroa tiver recebido como seus vassalos. 11ª. Nunca reunirá força armada para emprezas militares, seja qual for o seu fim, sem licença previa de auctoridade. 12ª. Reconhecerá e acatará todas as auctoridades que o governo quizer estabelecer nas terras de Gaza, e cumprirá as ordens que ellas lhe transmitirem. 13ª. Porá as forças armadas de que dispõe ao serviço do governo, sempre que elle lh'o exigir, para serem empregadas na defeza do paiz ou na manutenção da auctoridade da coroa. 14ª. Aceitará e obrigar-se-á a cumprir todas essas condições perante uma assembléia solemne, em que comparecerão os principaes régulos e indunas seus dependentes, e a que assistirão destacamentos das tropas que actualmente occupam a província, e ahi declarará que, se faltar ao seu compromisso e aos deveres de lealdade e obediência para com a coroa de Portugal, perderá o direito a reger as terras de Gaza, devendo os chefes d'essas terras reunirem-se para lhe dar successor.[75]

Elaboradas pelo comissário régio, a 1ª condição era apresentada como "uma espécie de questão prévia, de preliminar indespensavel" em documento que faria "Gaza entrar de facto no domínio real, útil, explorável e econômico de Portugal, e além d'isso, começaria a abrir-se á civilisação". Nesse contexto, "bem escolhidos os pontos da occupação, feita essa occupação com forças que impozessem respeito, o Gungunhana ficaria inteiramente nas nossas mãos, ou antes debaixo dos nossos pés".[76] Mas o telegrama enviado por José d'Almeida depois do encontro com o soberano nguni frustraram as expectativas de Ennes: "Nossa argumentação e nossos esforços para convencer Gungunhana de que a entrega dos rebeldes e aceitação condições subseqüentes o livrariam da guerra, teem sido inúteis...".[77]

As tropas da coluna do norte foram então mandadas avançar, enquanto as do sul deveriam completar a ocupação da região do Cossine, perseguindo Mahazul e Mamatibejana até onde pudessem. Em 8 de setembro de 1895, "venceram a batalha de Magul contra as forças tsongas (não sendo segura a participação no confronto

---

75 *Ibidem*, p. 289-291.

76 *Ibidem*, p. 291-292.

77 *Ibidem*, p. 375.

dos regimentos de Gungunhana)" e a 7 de novembro derrotaram definitivamente as forças ngunis em Coolela.[78] Gungunhana foi preso em Chaimite pelo capitão da cavalaria, Mousinho de Albuquerque, a 28 de dezembro[79] e enviado para Lisboa, de onde seguiu para Açores, aí falecendo em 23 de novembro de 1906.[80] Em 1897, as tropas portuguesas enfrentavam ainda Maguiguana, um tsonga que buscava reunir as forças desmanteladas do Reino de Gaza, mas que foi vencido a 10 de agosto.

Em Portugal, a "campanha de 1895" foi interpretada como a comprovação de que o país era capaz de tornar efetivo o controle sobre as possessões ultramarinas e demonstração de força às demais potências imperialistas, em especial a Inglaterra. Embora o *Ultimatum* envolvesse questões territoriais, em Lisboa transformou-se em contenda nacional, como se estivesse em jogo "o futuro da nação e não apenas uns quantos quilômetros de mato e savana. A Inglaterra passou a ser referida como se nela tivesse encarnado a fatalidade histórica que iria golpear Portugal".[81] Da mesma forma, em Moçambique, os ingleses eram identificados pelas autoridades portuguesas como os responsáveis por ações que desestabilizavam o pretenso domínio português e incitavam Gungunhana a expulsá-lo do sul. Nesse sentido, Ennes escrevia, em suas memórias, que pensava ser necessário,

> Custasse o que custasse, provar á Europa que tínhamos força material e auctoridade moral para reprimir a sublevação dos indígenas, que mais alastraria e mais se aprofundaria quanto mais tempo ficasse impune; urgia vibrar-lhe certeiros golpes decisivos. Mercê da vozeria dos inglezes da África do Sul, que até nos accusavam de estarmos comprometendo o prestigio que a raça branca exercera sempre sobre a negra, e animando á rebellião as populações de todas as colônias africanas, os acontecimentos de Lourenço Marques, talvez insignificantes em si, tinham assumido proporções de

---

78 Alexandre, *op. cit.*, p. 186.

79 Arquivo Histórico Ultramarino/Sala de Leitura Geral/ Caixa SEMU/Direção Geral do Ultramar/1ªRepartição/Moçambique/1895/AHU-ACL-SEMU-DGU/Nº de ordem:1337/Pasta 16.

80 Vilhena, *op. cit.*, p. 280.

81 Mattoso, *op. cit.*, p. 136.

> prova a que estava posta a nossa capacidade de potencia colonial; ou nos saíamos gloriosamente da prova ou ficávamos exauctorados.[82]

Nos anos seguintes, esse discurso, impregnado de um racismo de teor "científico" que havia se imposto na década de noventa como ideologia dominante e tomava como base o "darwinismo social", assumiu aspecto de doutrina oficial do colonialismo português. Nele, a raça branca aparecia oposta à negra que, imersa em universo definido por expressões como "besta-fera", "bárbaro" e "selvagem", se deixava abater por um poder que se lhe apresentava, por essência, superior. Na prática, no entanto, os portugueses em Moçambique haviam por décadas se submetido a uma autoridade que se mantinha refratária ao domínio que se projetava, se opondo à ocupação de terras e forjando um colonialismo distante daqueles que se preceituava nas mesas da Europa e que supunha "sertões" subjugáveis.

---

82 Ennes, *op. cit.*, p. 6.

Considerações finais

Nos estudos sobre o Reino de Gaza, os Atos de Vassalagem de 1862 e 1885 ocupam posições periféricas na análise da relação entre os soberanos ngunis e as autoridades portuguesas na província de Moçambique, face à incapacidade que demonstraram em produzir os resultados pretendidos. As interpretações mais recorrentes atribuem essa falência à falta de palavra e compromisso de Muzila e Gungunhana que, apesar da convenção firmada, se mantinham avessos aos itens e às condições formalmente aceitas. Esse tipo de leitura, no entanto, franqueia o caminho para expressões como "traidor", "ardil", "ambicioso insaciável" e "intrigante matreiro" e conduzem à sobrevivência, no discurso, da crença na alegada inferioridade do africano.

A compreensão de que a vassalagem possuía significados distintos para os soberanos ngunis e para as autoridades portuguesas permite não apenas fugir à cobrança de compromissos que, na prática, não foram assumidos, mas reconhecer nos Atos de Vassalagem o domínio que se desejava, projetava e que o outro rechaçava em sua soberania. Assim, as palavras de José d'Almeida, em relatório ao governador geral em 6 de junho de 1886 após os encontros com Gungunhana, de que "só com um trabalho lento, com uma evolução vagarosa e com o decorrer de muito tempo é que algumas das condições do tratado virão a ser cumpridas", sugerem não apenas uma recusa prolongada pela indefinição do tempo, mas um desejo de subjugação asfixiado por uma autoridade africana que se impunha e limitava as ações portuguesas.

Em meio ao crescente interesse europeu pela África, a soberania do Reino de Gaza soava particularmente ameaçadora e conduzia em Portugal à defesa da ideia de que era preciso reagir e mobilizar tropas que garantissem o domínio e pusessem a salvo aquelas terras. Mais do que a pretensa capacidade de Portugal em reduzir os africanos à submissão, dependente apenas de uma vontade própria, a soberania nguni, que por décadas havia sufocado as aspirações portuguesas em Moçambique, provocava a reunião de esforços concentrados para que esse domínio se tornasse real.

As conclusões apresentadas ao longo deste trabalho, no entanto, são preliminares e não encerram a necessária continuidade de estudos que revisitem o conflito de 1895 e analisem o quanto o uso da força como forma de obter a subjugação influiu na elaboração de normas voltadas ao trato com os africanos nas décadas seguintes.

Fontes

Fontes Manuscritas

Arquivo Histórico Ultramarino (AHU) – Lisboa

Secretaria de Estado da Marinha e do Ultramar (SEMU)/ Direção Geral do Ultramar/ Moçambique/ Correspondência de Governadores

Caixa 1837–1933

Caixa 1862: Pasta 28 – Nv.1310

Pasta 29 – Nv.1311

Secretaria de Estado da Marinha e do Ultramar (SEMU)/ Direção Geral do Ultramar/ Moçambique/ Correspondência de Governadores/ 1ª Repartição

Caixa 1884: nº de ordem: 1327 – unid. inst.: cx-6

Caixa 1885-1886: nº de ordem: 1329 – pasta 8

Caixa 1887: nº de ordem: 1330 – pasta 9

Caixa 1888: nº de ordem: 1331 – pasta 10

Caixa 1889: nº de ordem: 1332 – pasta 11

Caixa 1890: nº de ordem: 1333 – pasta 12

Caixa 1891: nº de ordem: 1334 – pasta 13

Caixa 1892: nº de ordem: 1335 – pasta 14

Caixa 1893 e 1894: nº de ordem: 1336 – pasta 15

Caixa 1895: nº de ordem: 1337 – pasta 16

Secretaria de Estado da Marinha e do Ultramar (SEMU)/ Direção Geral do Ultramar/ Moçambique/ Correspondência de Governadores/ 1ª Repartição/ 2ª e 3ª Repartição/ Moçambique/ Expedições de Paiva de Andrada

Caixa 1881-1889: nº de ordem: 1349

Fontes Impressas

ALMEIDA D'EÇA, Vicente. "As lanchas canhoneiras nas recentes operações em Lourenço Marques: Comunicação feita à Sociedade de Geografia de Lisboa em sessão de 03 de fevereiro de 1896". *Boletim da Sociedade de Geografia de Lisboa*. Lisboa: Imprensa Nacional, nº 6, 1896, p. 356-66.

ALVARES, Pedro A. "Bases para a criação de uma colônia agrícola branca no Inharrime". *Boletim da Sociedade de Geografia de Lisboa*. Lisboa: Imprensa Nacional, nº 12, 1895, p. 953-1022.

ANDRADA, Paiva de. "A Manica e o Musila." *Boletim da Sociedade de Geografia de Lisboa*. Lisboa: Imprensa Nacional, 1882, nº 1, p. 61.

_____. *Relatório de uma viagem às terras dos landins feita nos mezes de dezembro de 1884 e janeiro e fevereiro de 1885*. Lisboa: Imprensa Nacional, 1885.

ANDRADE, Alfredo Augusto Freire de. *Relatórios sobre Moçambique*. Lourenço Marques: Imprensa Nacional de Moçambique, 1949.

ASSOCIAÇÃO INTERNACIONAL AFRICANA. "Correspondência trocada entre o rei Leopoldo da Bélgica e a Direção da Sociedade de Geografia nos anos de 1876-77, acerca da formação da Associação Internacional Africana e da expedição portuguesa à África, de Serpa Pinto, Brito Capelo e Roberto Ivens." *Boletim da Sociedade de Geografia de Lisboa*, Lisboa: Imprensa Nacional, nº 2, 1877, p. 106.

BISPO DE HIMERIA, D. Antonio. "Relatório sobre o estado religioso, moral e econômico do distrito de Inhambane." *Boletim da Sociedade de Geografia de Lisboa*. Lisboa: Imprensa Nacional, nº 7 e 8, 1895, p. 661-695.

CALDAS XAVIER, Alfredo Augusto. "Província de Moçambique. Distrito de Inhambane. O Inharrime e as guerras zavallas, 1881. Mapa do reconhecimento do território entre o Inhambane e o Inhampura." *Boletim da Sociedade de Geografia de Lisboa*. Lisboa: Imprensa Nacional, nº 7-8, 1881, p. 479-528.

_____. "Província de Moçambique. Distrito de Inhambane. O Inharrime e as guerras zavallas". *Boletim da Sociedade de Geografia de Lisboa*. Lisboa: Imprensa Nacional, nº 7 e 8, 1881, p. 486-7.

_____. "Reconhecimento do Limpopo: os territórios ao sul do Save e os vátuas, 1890 (com estampas e 2 mapas)." *Boletim da Sociedade de Geografia de Lisboa*. Lisboa: Imprensa Nacional, nº 3, 1894, p. 129-176.

CARDOSO, Antonio Maria. "Expedição às terras do Muzilla (1882)." *Boletim da Sociedade de Geografia de Lisboa*. Lisboa: Imprensa Nacional, nº 3, 1887, p. 153-240.

"Carta do distrito de Manica coordenada sobre informações obtidas de Sua Exª. o Governador do distrito J. J. Gorjão Moura, do capitão Paiva de Andrada e de alguns indigenas por José Xavier de Moraes Pinto. Gouveia, dezembro de 1885". AHU/ Instituto de Investigação Científica Tropical (IICT).

"Carta de Moçambique (1894)". AHU/ Instituto de Investigação Científica Tropical (IICT).

"Carta do territorio proposto para constituir o novo districto de Manica comprehendendo os terrenos de regulos a avassalar pelo governo de 1885. Assinado por J.A. Andrada." Centro de História e Cartografia Antiga/ Instituto de Investigação Científica Tropical (IICT)

CASTILHO, Augusto de. "Acerca de Lourenço Marques, perigos e deveres: Comunicação feita à Sociedade de Geografia em 01 de abril de 1895." *Boletim da Sociedade de Geografia de Lisboa*. Lisboa: Imprensa Nacional, nº 6, 1895, p. 535-563.

COMPANHIA DE MOÇAMBIQUE. *Relatórios e documentos da Companhia de Moçambique apresentados à Assembléia Geral de 14 de março de 1889 pelo Conselho de Administração*. Lisboa: Typographia franco-portuguesa, 1889.

_____. *Documentos relativos aos acontecimentos de Manica (setembro a dezembro de 1890)*. Lisboa: Imprensa Nacional, 1891.

_____. *Cópia de Documentos Officiaes trocados entre a Companhia de Moçambique e o Governo de Sua Magestade de 10 de junho de 1891 a 4 de maio de 1892*. Lisboa: Typographia do jornal, 1892.

_____. *Cópia de Documentos Officiaes trocados entre a Companhia de Moçambique e o Governo de Sua Magestade de 5 de maio de 1892 a 4 de maio de 1893.* Lisboa: Typographia do jornal, 1893.

_____. *Cópia de Documentos Officiaes trocados entre a Companhia de Moçambique e o Governo de Sua Magestade de 5 de maio de 1893 a 4 de maio de 1894.* Lisboa: Typographia do jornal, 1894.

_____. *Cópia de Documentos Officiaes trocados entre a Companhia de Moçambique e o Governo de Sua Magestade de 5 de maio a 31 de dezembro de 1894.* Lisboa: Typographia do jornal, 1895.

_____. *Cópia de Documentos Officiaes trocados entre a Companhia de Moçambique e o Governo de Sua Magestade de janeiro a dezembro de 1895.* Lisboa: Typographia do jornal, 1895.

_____. *Cópia de Documentos Officiaes trocados entre a Companhia de Moçambique e o Governo de Sua Magestade de janeiro a dezembro de 1896.* Lisboa: Typographia do jornal, 1897.

CORDEIRO, Luciano. "Expedição geográfica portuguesa à África-Central: notícias diretas." *Boletim da Sociedade de Geografia de Lisboa*. Lisboa: Imprensa Nacional, nº 2, 1887, p. 126-138.

CRUZ, Adelino da. "Código dos millandos cafriaes (distrito de Inhambane)." *Boletim da Sociedade de Geografia de Lisboa*. Lisboa: Imprensa Nacional, nº 3, 1877, p. 173-181.

DU BOCAGE, Barbosa. "Discurso acerca da conveniência do ensino das línguas indígenas africanas e considerações sobre a colonisação europeia do ultramar." *Boletim da Sociedade de Geografia de Lisboa*, Lisboa: Imprensa Nacional, nº 4, 1877, p. 299.

ENNES, Antonio. *Guerra d´África em 1895: memórias.* Lisboa: Typographia do "Dia", 1898.

HAEVERNICK. "Os terrenos auríferos e carboníferos na República da África Austral (Transvaal) - 1886." *Boletim da Sociedade de Geografia de Lisboa*, Lisboa: Imprensa Nacional, nº 3, 1886, p. 171-177.

Longle, Armando. "De Inhambane a Lourenço Marques (1885)." *Boletim da Sociedade de Geografia de Lisboa*. Lisboa: Imprensa Nacional, nº 1, 1886, p. 13-37.

Machado, Joaquim J. "Caminho de ferro de Lourenço Marques à fronteira do Transvaal." *Boletim da Sociedade de Geografia de Lisboa*. Lisboa: Imprensa Nacional, nº 2, 1880, p. 67-104.

_____. "Informação acerca do caminho de ferro de Lourenço Marques." *Boletim da Sociedade de Geografia de Lisboa*, Lisboa: Imprensa Nacional, nº 1, 1882, p. 5-20.

"Mapa do Districto de Lourenço Marques e seus limites compilado em 1885 na 3ª Secção das Obras Publicas, dos mappas de Sá da Bandeira, Merensky, Johnston, Jeppe e cartas maritimas de Owen, com os dois traçados do caminho de ferro e os itinerarios dos majores de engenharia Machado, de artilharia Araujo, de infanteria Lapa e do Padre Montanha pelo alferes de cavalaria Domingos José Ferreira." Centro de História e Cartografia Antiga/ Instituto de Investigação Científica Tropical (iict).

Mateus serrano, j. a. "Explorações portuguesas de Lourenço Marques e Inhambane: relatórios da Comissão de limitação da fronteira de Lourenço Marques (1891)." *Boletim da Sociedade de Geografia de Lisboa*. Lisboa: Imprensa Nacional, nº 6, 1894, p. 397-447.

Mousinho de albuquerque, Joaquim Augusto. *Moçambique*. Lisboa: Divisão de Publicações e Biblioteca, 1934.

Neves, Diocleciano Fernandes das. "África Oriental Portuguesa: exploração do rio Bembe." *Boletim da Sociedade de Geografia de Lisboa*. Lisboa: Imprensa Nacional, nº 6, 1881, p. 336.

_____.; Rocha, Ilídio. *Das terras do Império vátua às praças da República Bôer*. Lisboa: D. Quixote, s/d.

Noronha, Eduardo de. "Lourenço Marques e as suas relações com a África do Sul: Conferências feitas na Sociedade de Geografia nas sessões de 02 de dezembro de 1855 e 13 de janeiro de 1896." *Boletim da Sociedade de Geografia de Lisboa*. Lisboa: Imprensa Nacional, nº 2, 1869, p. 47-96.

Paiva raposo, Alberto Carlos. "Noções de gramática landina e breve guia de conversação em português, inglez e landim." *Boletim da Sociedade de Geografia de Lisboa*. Lisboa: Imprensa Nacional, n° 3, 1895, p. 285.

Sociedade de geografia de lisboa. "Representação feita a El-Rei, em 16 de outubro de 1876, acerca duma expedição científica ao leste africano, assinada por toda a direção que presidia o Visconde de São Januário e por todos os membros do Conselho Central." *Boletim da Sociedade de Geografia de Lisboa*. Lisboa: Imprensa Nacional, n° 1, 1876, p. 19-28.

Toscano, Francisco. *A derrocada do Império vátua e Mousinho d'Albuquerque*. Lisboa: Editora Portugal Ultramar, 1930.

Bibliografia

ALBERTO, M.; TOSCANO, A. *O Oriente africano português. Síntese cronológica da história de Moçambique.* Lourenço Marques: Ed. Da Minerva Central, 1942.

ALBUQUERQUE, Joaquim Mousinho. *Relatório sobre a prisão do Gungunhana.* Lourenço Marques: Typographia Nacional de Sampaio & Carvalho, 1896.

ALEXANDRE, Valentim. *Origens do colonialismo português moderno (1822-1891).* Lisboa: Sá da Costa, 1979.

_____. *Velho Brasil, novas Áfricas: Portugal e o Império (1808-1975).* Porto: Edições Afrontamento, 2000.

_____ e DIAS, Jill. *Nova História da Expansão Portuguesa: o Império Africano (1825-1890).* Lisboa: Editorial Estampa, 1998.

ALEXANDRE, Valentim (coord.) "O Império Africano (séculos XIX-XX): as linhas gerais". In: *O Império Africano (séculos XIX a XX).* Lisboa: Colibri, 2000, p. 11-28.

ALMEIDA, A. Duarte de. *Liberais e miguelistas (1817-1834).* Lisboa: João Romano, s/d.

_____. *Monarquia Constitucional (1834-1889).* Lisboa: João Romano, s/d.

ALMEIDA, Pedro R. *História do colonialismo português em África.* Lisboa: Editorial Estampa, vol. 7, 1979.

ANDERSON, Perry. *Portugal e o fim do ultracolonialismo.* Rio de Janeiro: Av. Brasileira, 1966.

ANDRADA, Paiva de. *Relatório de uma viagem às terras dos landins feita nos mezes de dezembro de 1884 a fevereiro de 1885.* Lisboa: Imprensa Nacional, 1885.

APPIAH, Kwame Anthony. *Na casa de meu pai: a África na filosofia da cultura.* Rio de Janeiro: Contraponto, 1997.

ARENDT, Hannah. *Origens do totalitarismo.* São Paulo: Companhia de Letras , 1989.

_____. *A condição humana.* Rio de Janeiro: Ed. Forense Universitária, 1999.

ARQUIVO HISTÓRICO MILITAR. *O Arquivo Histórico Militar de Lisboa*. Lisboa: Ed. Arquivo Histórico Militar, 1992.

ARRIAGA, Visconde da. *Exame sobre o Tratado relativo à baía e território de Lourenço Marques, concluído entre Portugal e a Inglaterra em 30 de maio de 1879 e respectivos protocolo e artigo adicional e sobre a aliança Luso-Britânica*. Lisboa: Lallemant, 1882.

AXELSON, Eric. *Portugal and the scramble for África (1875-1891)*. Joanesburgo: Witwatersrand University Press, 1967.

BELLO, Almeida. *Meio século de lutas no ultramar: subsídios para a História das campanhas do Exército português de terra e mar no seu Império Colonial*. Lisboa: Sociedade de Geografia de Lisboa, 1937.

BENNET, Norman R. "Zanzibar, Portugal e Moçambique: relações dos fins do século XVIII até 1890." In: *Revista Internacional de Estudos Africanos*. Lisboa, nº 6/7, jan.-jun, 1984.

BERTEAUX, Pierre. *Africa desde la prehistoria hasta los Estados actuales*. México: Gabriel Mancera, 1972.

BETHENCOURT, Francisco; CHAUDHURI, Kirti. *História da expansão portuguesa*. Navarra: Círculo de Leitores, 1998.

BLOCH, Marc. *Apologia da história ou, O ofício de historiador*. Rio de Janeiro: Jorge Zahar Ed., 2001.

BOAHANNAN, P.; CURTIN, P. *Africa and Africans*. Nova York: Natural History Press, 1971.

BOBBIO, N. *Estado, governo, sociedade: para uma teoria geral da política*. São Paulo: Paz e Terra, 2001.

_____.; MATTEUCI, N. e PASQUINO, G. *Dicionário de Política*. Brasília: Editora UNB, 1986.

BOLÉO, José de Oliveira. *Moçambique*. Lisboa: Agência Geral do Ultramar, 1951.

BOTELHO, gen. Teixeira. *História militar e política dos portugueses de Moçambique de 1833 aos nossos dias*. Coimbra, 1921.

BRAUDEL, Fernand. *História e Ciências Sociais*. Lisboa: Editorial Presença, 1982.

BRETES, Maria da Graça. "Arqueologia de um mito: a derrota de Gungunhana e a sua chegada a Lisboa". In: *Revista Penélope: fazes e desfazer história*. Lisboa, n° 2, 1989.

BRIGNOLI, H. P.; CARDOSO, C. F. S. *Os métodos da História*. Rio de Janeiro: Edições Graal, 1979.

BRUNSCHWIG, Henri. *A partilha da África*. Lisboa: Publicações Dom Quixote, 1971.

BURKE, Peter. (org.) *A escrita da História: novas perspectivas*. São Paulo: Editora UNESP, 1992.

_____. *A Revolução Francesa da historiografia: a Escola dos Annales, 1929-1989*. São Paulo: Editora UNESP, 1991.

_____. *História e teoria social*. São Paulo: Editora UNESP, 2002.

_____. *Linguagem, indivíduo e sociedade*. São Paulo: Unesp, 1992.

CAETANO, Marcelo. *Campanhas de Moçambique em 1895: segundo os contemporâneos (as)*. Lisboa: Agência Geral das Colônias, 1947.

_____. *O Conselho Ultramarino: esboço da sua história*. Lisboa: Agência Geral do Ultramar, 1967.

CARVALHO, Paulo Archer de; CATROGA, Fernando. *Sociedade e cultura portuguesa*. Lisboa: Universidade Aberta, vol. 2, 1996.

CHILUNDO, Arlindo. "Quando começou o comércio das oleaginosas em Moçambique?". In: *Reunião Internacional de História de África: relação Europa-África no 3. quartel do século XIX*. Lisboa: Centro de Estudos de História e Cartografia Antiga, Instituto de Investigação Científica e Tropical, 1989.

CLARENCE-SMITH, Gervase. *O Terceiro Império português, 1825-1975*. Lisboa: Teorema, 1985.

COELHO, Trindade. (ed.) *Dezoito anos em África: notas e documentos para a biografia do conselheiro José d'Almeida*. Lisboa: Typographia de Adolpho de Mendonça, 1898.

COMPANHIA DE MOÇAMBIQUE. *Estatutos: decretos de 4 de junho de 1902 e 17 de agosto de 1905*. Lisboa: Typographia d'Diário, 1906.

_____. *Território de Manica e Sofala e a administração da Companhia*. Lisboa: Typographia da Companhia Nacional Editora, 1902.

180 Gabriela Aparecida dos Santos

CONRAD, Joseph. *O coração das trevas*. Rio de Janeiro: Ediouro, 1996.

CORREIA, Sonia; HOMEM, Eduardo. *Moçambique: primeiras machambas*. Rio de Janeiro: Margem Editoria, 1977.

COSTA, Mário Augusto. *Do Zambeze ao paralelo 22.: monografia do território de Manica e Sofala sob a administração da Companhia de Moçambique*. Beira: Imprensa da Companhia de Moçambique, 1940.

COSTA E SILVA, Alberto da. *A enxada e a lança: a África antes dos portugueses*. São Paulo: Nova Fronteira/EDUSP, 1992.

_____. *A manilha e o libambo: a África e a escravidão, de 1500 a 1700*. Rio de Janeiro: Nova Fronteira, 2002.

COUTINHO, João de Azevedo. *O combate de Macequece*. Lisboa: Agência Geral das Colónias, 1935.

COVANE, Luís António. "Considerações sobre o impacto da penetração capitalista no sul de Moçambique (1850-1876)". In: *Reunião Internacional de História de África: relação Europa-África no 3º quartel do século XIX*. Lisboa: Centro de Estudos de História e Cartografia Antiga, Instituto de Investigação Científica e Tropical, 1989.

CUNHA, Silva. *O trabalho indígena: estudo do direito colonial*. Lisboa: Agência Geral do Ultramar, 1955.

DENOON, Donald. *Southern Africa since 1800*. London: Longman, 1972.

DIAS, Jill. "A administração portuguesa ultramarina entre os séculos XV e XX". In: INSTITUTO PORTUGUÊS DE ARQUIVOS. *Guia de fontes para a História de África*. Lisboa: Comissão Nacional para as Comemorações dos Descobrimentos Portugueses; Fundação Oriente; Imprensa Nacional-Casa da Moeda, 1991, p. 15-34.

_____. "Bibliografia das publicações sobre a África de Língua Oficial Portuguesa entre janeiro de 1975 e janeiro de 1983". In: *Revista Internacional de Estudos Africanos*. Lisboa, nº 1/jan.-jun, 1984.

_____. "Bibliografia das publicações recentes sobre a áfrica de Língua Oficial Portuguesa". In: *Revista Internacional de Estudos Africanos*. Lisboa, nº 2/jun.-dez., 1984.

_____. "Os arquivos portugueses e a História da África". In: *Revista Internacional de Estudos Africanos*. Lisboa, n° 18/22 /1995-1999.

D'ORNELLAS, Ayres. *Raças e línguas indígenas em Moçambique*. Lisboa: A Liberal, 1901.

DUFFY, James. *Portugal in África*. Maryland: Penguin Books, 1963.

_____. *Portuguese Africa*. Cambridge: Harvard University, 1959.

EVANS-PRITCHARD, E.E.; FORTES, M. *Sistemas políticos africanos*. Lisboa: Fundação Calouste Gulbenkian, 1981.

FAGE, J. D. e OLIVER, Roland. *Breve História de África*. Lisboa: Livraria Sá da Costa, 1980.

FELICIANO, José Fialho. *Antropologia econômica dos thonga do sul de Moçambique*. Maputo: Arquivo Histórico de Moçambique, 1998.

FERREIRA, Eduardo. *O fim de uma era: o colonialismo português em África*. Lisboa: Sá da Costa, 1977.

FERREIRA DA COSTA, Eduardo Augusto. *Eduardo Costa*. Lisboa: República Portuguesa, Ministério das Colônias, Divisão de Publicações e Biblioteca, Agência Geral das Colônias, 1938-1939.

FORD, Clyde W. *O herói com rosto africano: mitos da África*. São Paulo: Summus/ Selo Negro, 1999.

FORDE, Daryll (org.) *Mundos africanos: estúdios sobre las ideas cosmológicas y los valores sociales de alguns pueblos de África*. México: Fondo de Cultura Econômica, 1959

FRY, Peter (org.) *Moçambique: ensaios*. Rio de Janeiro: Editora UFRJ, 2001.

FUNGULANE, Bernardo. *Avaliação da implantação do projecto sobre segurança dos direitos de uso e de aproveitamento de terra e recursos naturais*. Beira: Universidade Católica de Moçambique, 2002.

GINZBURG, Carlo. *Mitos, emblemas, sinais: morfologia e história*. São Paulo: Companhia de Letras , 1989.

GLUCKMAN, M. *Order and rebellion in Tropical Africa*. Londres: Cohen & West, 1963.

GUIMARÃES, Ângela. "Transferência de poderes em África: o quadro jurídico (1830-1880)". In: *Reunião Internacional de História de África: relação Euro-*

pa-África no 3º quartel do século XIX. Lisboa: Centro de Estudos de História e Cartografia Antiga, Instituto de Investigação Científica e Tropical, 1989.

_____. *Uma corrente do colonialismo português: a Sociedade de Geografia de Lisboa (1875-1895)*. Porto: Livros Horizonte, 1984

HOBSBAWM, Eric. *A era dos impérios (1875-1914)*. Rio de Janeiro: Paz e Terra, 1998.

_____. *Nações e nacionalismo desde 1780*. São Paulo: Paz e Terra, 1991.

_____ e RANGER, Terence. *A invenção das tradições*. Rio de Janeiro: Paz e Terra, 1984.

HOBSON, J. A. *Estúdio del imperialismo*. Madrid: Alianza Editorial, 1981.

HOCHSCHILD, Adam. *O fantasma do rei Leopoldo: uma história de cobiça, terror e heroísmo na África colonial*. São Paulo: Companhia de Letras , 1999.

HONWANA, Raul Bernardo Manuel. *Memórias*. Edições ASA, Rio Tinto/Portugal, 1989.

ISAACMAN, Allen e Bárbara. *A tradição de resistência em Moçambique: o Vale do Zambeze, 1850-1921*. Porto: Afrontamento, 1979.

JUNOD, Henri-Alexandre. *Cantos e contos dos rongas*. Ed. Instituto de Investigação Científica de Moçambique, 1975.

JUNIOR, Santos. *Contribuição para o estudo de antropologia de Moçambique: nhungues e antumbas*. Porto: Mendonça, 1944.

KAPUŚCIŃSKI, Ryszard. *Ébano: minha vida na África*. São Paulo: Companhia das Letras, 2002.

KIPLING, Rudyard. *Kim*. São Paulo: Companhia Editora Nacional, 1960.

KI-ZERBO, Joseph. *História da África negra*. Paris: Europa-América, 1972.

_____. (coord.) *História Geral da África*. São Paulo: Ática/ Unesco, 1980, vol. 7.

KHOSA, Ungulani Ba Ka. *Ualalapi*. s/l: Associação dos Escritores Moçambicanos, s/d.

INSTITUTO PORTUGUÊS DE ARQUIVOS. *Guia de fontes para a História de África*. Lisboa: Comissão Nacional para as Comemorações dos Descobrimentos Portugueses; Fundação Oriente; Imprensa Nacional-Casa da Moeda, 1991.

LEAL, Maria José da Silva; PEREIRA, Miriam Halpern; SERRÃO, Joel. *Roteiro de fontes da História Portuguesa contemporânea*. Lisboa: Instituto Nacional de Investigação Científica, 1985.

Le goff, Jacques. História; Memória e Documento/Monumento. In: *Enciclopédia Einaudi Memória-História*. Campinas: Editora da Universidade de Campinas, 1990.

Lênin, v. i. *O imperialismo: fase superior do capitalismo*. São Paulo: Global, 1987.

Liesegang, Gerhard J. *Ngungunyane: a figura de Ngungunyane Nqumayo, rei de Gaza 1884-1895 e o desaparecimento do seu Estado*. Maputo: Embondeiro, s/d.

_____. *Vassalagem ou Tratado de Amizade: história do Tratado de Vassalagem de Ngungunyane nas relações externas de Gaza*. Maputo: Arquivo Histórico Nacional; Núcleo Editorial da Universidade Eduardo Mondlane, 1986. Coleção Estudos/Arquivo Histórico de Moçambique.

Lobato, Alexandre. *Evolução administrativa e econômica de Moçambique (1752-1763)*. Lisboa: Publicações Alfa, 1989.

_____. *História do presídio de Lourenço Marques*. Estudos Moçambicanos. Lisboa, 1960.

_____. *Quatro estudos e uma evocação para a história de Lourenço Marques*. Estudos Moçambicanos/Junta de Investigações do Ultramar. Lisboa: 1961.

Lourenço, Eduardo. *Mitologia da saudade: seguido de Portugal como destino*. São Paulo: Companhia das Letras, 1999.

Macagno, Lorenzo. *Os paradoxos do assimilacionismo: "usos e costumes" do colonialismo português em Moçambique*. Rio de Janeiro: Ed. ufrj, 1996.

Marques, A. H. *História de Portugal*. Lisboa: Palas editores, vol. 3, 1986.

Martins, José Soares e medeiros, Eduardo da Conceição. "A história de Moçambique antes de 1890: apontamentos bibliográficos sobre os resultados de investigação entre 1960 e 1980". In: *Revista Internacional de Estudos Africanos*. Lisboa, nº 1 jan.-jun., 1984.

Mathen, Gervase e oliver, Roland. *History of East Africa*. Oxford: at the Clarendon Press, 1963.

Matos, Leonor Correia. "O movimento pendular centralização e descentralização na política colonial portuguesa". In: albuquerque, Luís de (dir.). *Portugal no Mundo*. Lisboa: Publicações Alfa, vol. vi, 1989, p. 248-259.

Matoso, José (org.) *História de Portugal*. Lisboa: Ed. Estampa, s/d. vol. 5 e 6.

184 Gabriela Aparecida dos Santos

MATSINHE, Cristiano. *Biografias e heróis no imaginário nacionalista moçambicano.* Rio de Janeiro: Ed. UFRJ, 1997.

MILLER, Joseph C. *Poder político e parentesco: os antigos Estados Mbundu em Angola.* Luanda: Ministério da Cultura/Arquivo Histórico Nacional, 1995.

MINERVA CENTRAL. *Mouzinho de Albuquerque.* Lourenço Marques: Minerva Central, 1953.

MOTA, Carlos Teixeira da. *Presenças portuguesas na África do Sul e no Transavaal durante os séculos XVIII e XIX.* Lisboa: Ministério da Educação/Instituto de Investigação Científica Tropical, 1989.

MOREIRA, Adriano. *Administração da justiça aos indígenas.* Lisboa: Agência Geral do Ultramar, 1955.

NEWITT, Malyn. *História de Moçambique.* Lisboa: Europa-América, 1997.

N´KRUMAH, Kwame. *Neocolonialismo: último estágio do imperialismo.* Rio de Janeiro: Editora Civilização Brasileira, 1967.

NORONHA, Rui de. *Sonetos.* Lourenço Marques: Minerva Central, 1943.

OLIVEIRA, Irene Dias de. *Identidade negada e o rosto desfigurado do povo africano: os tsongas.* São Paulo: Annablume: Universidade Católica de Goiás, 2002.

OLIVEIRA, José Osório de Castro e. *Retrato de Mousinho: acompanhado de documento gráfico.* Lisboa: Sociedade Industrial de Tipografia, 1969.

OLIVEIRA MARTINS, J. P. *Portugal em África: a questão colonial, o conflito anglo-português.* Lisboa: Guimarães, 1953.

PANTOJA, Selma. Fontes para a História de Angola e Moçambique no Rio de Janeiro, do século XVI ao XIX. In: *Revista Internacional de Estudos Africanos.* Lisboa, nº 8/9 jan.-dez., 1988.

PAPAGNO, Giuseppe. *Colonialismo e feudalismo: a questão dos prazos nos finais do século XIX.* Lisboa: A regra do jogo, 1980.

PATEE, Richard. *Portugal na África contemporânea.* Coimbra: Instituto de Estudos Ultramarinos, 1959.

PÉLISSIER, René. *História de Moçambique: formação e oposição (1854-1918).* Lisboa: Estampa, 1988, 2 vols.

PINSKY, Carla Bassanezi (org.). *Fontes históricas.* São Paulo: Contexto, 2005.

RANGER, T. O. *A invenção das tradições*. Rio de Janeiro: Paz e Terra, 1984.

RICOUER, P. *As culturas e o tempo: estudos reunidos pela* UNESCO. Petrópolis: Vozes, 1975.

RITA FERREIRA, Antonio. "A sobrevivência do mais fraco: Moçambique no 3º quartel do século XIX". In: *Reunião Internacional de História de África: relação Europa-África no 3º quartel do século XIX*. Lisboa: Centro de Estudos de História e Cartografia Antiga, Instituto de Investigação Científica e Tropical, 1989.

_____. *Bibliografia etnológica de Moçambique (das origens a 1954)*. Lisboa: Ed. Junta de Investigação do Ultramar, 1961.

_____. *Etno-história e cultura tradicional do grupo angune (nguni)*. Lourenço Marques: Memórias do Instituto de Investigações Científicas de Moçambique, 1974.

_____. *Fixação portuguesa e história pré-colonial de Moçambique*. Lisboa: Instituto de Investigação Científico-Tropical, 1982.

_____. *Povos de Moçambique: história e cultura*. Porto: Afrontamento, s/d.

_____. *Presença luso-asiática e mutações culturais no sul de Moçambique até 1900*. Lisboa: Instituto de Investigação Científico-Tropical, 1982.

ROSA, Frederico. "Evolucionismo e colonialismo em Portugal no período da ocupação efetiva (1890-1910)". In: *Revista Internacional de Estudos Africanos*. Lisboa, nº 18-22/(1995-1999).

SAID, Edward. *Cultura e imperialismo*. São Paulo: Companhia de Letras , 1995.

SANTA-RITA, José Gonçalo. *A África nas relações internacionais depois de 1870*. Lisboa: Junta de Investigações do Ultramar, 1959.

SANTOS, Maria Emília Madeira (org.) *I Reunião Internacional de História de África: relação Europa-África no 3º quartel do século XIX*. Lisboa: Centro de Estudos de História e Cartografia Antiga, Instituto de Investigação Científica e Tropical, 1989.

_____. "Tecnologias em presença: manufacturas europeias e artefactos africanos". In: *Reunião Internacional de História de África: relação Europa-África no 3º quartel do século XIX*. Lisboa: Centro de Estudos de História e Cartografia Antiga, Instituto de Investigação Científica e Tropical, 1989.

186 Gabriela Aparecida dos Santos

_____. *Viagens de exploração terrestre dos portugueses em África*. Lisboa: Centro de Estudos de Cartografia Antiga; Junta de Investigações Científicas do Ultramar; Instituto de Cultura Portuguesa, 1978.

SCHWARCZ, Lilia M. *O espetáculo das raças*. São Paulo: Companhia de Letras , 1993.

SERRA, Carlos (org.) *História de Moçambique*. Maputo: Universidade Eduardo Mondlane, Departamento de História e Tempo Editorial, 1982 e 1983, 2 vols.

SERRÃO, Joel. *Temas de cultura portuguesa*. Lisboa: Portugália, 1965.

SIMIELLI, Maria Elena. *GeoAtlas*. São Paulo: Ática, 2000.

SILVA REGO, A. *O Ultramar Português no século XIX (1834-1910)*. Lisboa: Agência Geral do Ultramar, 1966.

SOUTO, Amélia Neves de. *Guia bibliográfico para o estudante de História de Moçambique*. Maputo: Centro de Estudos Africanos/Universidade Eduardo Mondlane, s/d.

TENGARRINHA, José (org.) *História de Portugal*. Bauru, São Paulo: EDUSC; UNESP, 2000.

TOSCANO, Francisco. *A derrocada do Império vátua e Mousinho d'Albuquerque*. Lisboa: Editora Portugal Ultramar, 1930.

THOMAZ, Omar Ribeiro. *Ecos do Atlântico Sul: representações sobre o Terceiro Império Português*. São Paulo, tese de doutorado, 1997.

TORRES, Adelino. *O império português entre o real e o imaginário*. Lisboa: Escher, 1991.

VILHENA, Maria da Conceição. *Grandeza e decadência de um Império Africano*. Lisboa: Edições Colibri, 1999.

_____. *Gungunhana no seu reino*. Lisboa: Edições Colibri, 1996.

VILLAS, Gaspar do Couto Ribeiro. *História Colonial*. Lisboa: Grandes Ateliers, 1938.

VIANA, Mário Gonçalves. *Mousinho de Albuquerque*. Porto: Editora Educação Nacional, 1938.

WARHURST, Philip Robert. *Anglo-portuguese relations in South-Central Africa (1890-1900)*. London: Published for Royal Commonwealth Society by Longmans, 1962.

WHEELER, Douglas L. Gunguyane the negotiator: a study in African Diplomacy. In: *The Journal of African History*, vol.9, nº 4 (1968), p. 585-602.

WESSELING, H. L. *Dividir para dominar: a partilha da África (1880-1914)*. Rio de Janeiro: Editora UFRJ/ Editora Revan, 1998.

ZAMPARONI, Valdemir Donizette. *Entre narros e mulungos: colonialismo e paisagem social em Lourenço Marques*. São Paulo, tese de doutorado, 1998.

Periódicos

África: Revista do Centro de Estudos Africanos. São Paulo: Humanitas/FFLCH/USP, 20-21: 1997-1998.

Centenário da Sociedade de Geografia de Lisboa (1875-1975). Lisboa: Sociedade de Geografia de Lisboa, 1977.

Revista de História. São Paulo: Humanitas/FFLCH/USP, nº 141, 2º semestre de 1999.

Revista USP: Dossiê povo negro – 300 anos. São Paulo: USP, CCS, 28: 1995-1996.

Agradecimentos

Ao Conselho Nacional de Desenvolvimento Científico e Tecnológico (CNPq) pela ajuda financeira que viabilizou a pesquisa e à Cátedra Jaime Cortesão que, com o apoio do Instituto Camões, disponibilizou uma bolsa de pesquisa em Portugal, minha gratidão por tornar possível dois intensos meses em arquivos de Lisboa e uma experiência para toda a vida. Aos professores Pedro Puntoni e Vera Ferlini, elos fundamentais desse processo, a Rafael Marquese e Maria Cristina Wissenbach, pela resposta e apoio de primeira hora quando ainda me candidatava à seleção, e a Marina de Mello e Souza, Kabengele Munanga e Ana Lúcia Lana Nemi pela leitura atenta e por todas as sugestões que permitiram o aprofundamento do tema.

Em Portugal, à professora Olga Iglésias, surpresa tão agradável, sempre disposta a participar, orientar e fazer da minha permanência uma vivência enriquecedora, e ao professor Valentim Alexandre, fonte de indicações preciosas para a pesquisa nos arquivos, que inspirou esse trabalho e que, ao lado de Maria Goretti, me acolheu e incentivou.

A Jorge Braga de Macedo, Maria Emília Madeira dos Santos, Ângela Maria Vieira Domingues, Deolinda Barrocas e Manuel Leão Marques Lobato pelo acesso aos mapas do ex-Centro de Cartografia e História Antiga. Aos funcionários do Arquivo Histórico Ultramarino, em especial a José Sintra Martinheira, Fernando José de Almeida, Ana Maria Bastos e Mário André Pires, que me guiaram pela imensidão do acervo, a Jorge Fernandes Nascimento, pelo companheirismo e pelas conversas que contribuíram para a pesquisa, e a Octávio Félix Afonso, pela amizade e por toda a disposição em ajudar.

A Catarina Mira e a Maria Manuel Quintela por acolhida tão afetuosa e hospitaleira em meio às saudades de casa e a José Matusse Duarte, meu irmão, pelo acolhimento e amizade, que com o conhecimento de um pesquisador me guiou pela documentação da época, me ajudando a decifrar passagens e a entender um pouquinho da História de Moçambique – a ele devo muito do material que encontrei em Portugal e que trouxe na volta ao Brasil.

Aos meus companheiros de mestrado, Joceley, Marly, Karin, Regiane e Paulo, o meu agradecimento por todo o incentivo, apoio e carinho com que sempre me trataram. A Eliane, bibliotecária da Casa de Portugal, incansável na sua determinação em ajudar e que com seu bom humor e entusiasmo contribuiu imensamente para a pesquisa. A Marquilandes Borges, Regina Claro e Maria Aparecida Borrego pela ajuda imprescindível e por toda a contribuição para que essa pesquisa se tornasse possível. A Rosemarie Pagaime, pelas leituras, infinitos estímulos e por todas as conversas que me permitiram avançar em reflexões sobre a resistência africana em Moçambique.

Aos meus amigos Elias Feitosa, meu "guia de bolso" e "virtual" na estadia em Portugal, Sandra Albuquerque, que acompanhou a minha entrada no mestrado, torceu e comemorou por mim, e a Gabriel Castanho, por toda a paciência com que sempre se dispôs a esclarecer o caminho e tirar as minhas dúvidas.

A Leila Hernandez que, com suas aulas, orientação e seriedade intelectual apresentou uma história desconhecida, despertou o interesse pela África e pelos seus povos e fez acreditar que esse era um trabalho possível.

A Jackson, amor maior, companheiro querido, que me encorajou e apoiou e a quem dedico esse trabalho.

Ao meu avô, Sebastião de Marchi (*in memorian*), a minha eterna gratidão.

Esta obra foi impressa em Santa Catarina pela Nova Letra Gráfica & Editora na primavera de 2010. No texto foi utilizada a fonte Minion Pro, em corpo 10, com entrelinha de 15 pontos.